CAMBRIDGE GUIDES
TO
MODERN LANGUAGES

A MANUAL

OF THE

DUTCH LANGUAGE

A MANUAL

OF THE

DUTCH LANGUAGE

BY

B. W. DOWNS, M.A.
FELLOW OF CHRIST'S COLLEGE, CAMBRIDGE

AND

H. LATIMER JACKSON, D.D.
CHRIST'S COLLEGE, CAMBRIDGE

CAMBRIDGE

AT THE UNIVERSITY PRESS

1921

CAMBRIDGE
UNIVERSITY PRESS

University Printing House, Cambridge CB2 8BS, United Kingdom

Published in the United States of America by Cambridge University Press, New York

Cambridge University Press is part of the University of Cambridge.

It furthers the University's mission by disseminating knowledge in the pursuit of education, learning and research at the highest international levels of excellence.

www.cambridge.org
Information on this title: www.cambridge.org/9781107668270

First published 1921
First paperback edition 2014

A catalogue record for this publication is available from the British Library

ISBN 978-1-107-66827-0 Paperback

PREFACE

WHEN, a century ago, Bowring put forth his *Anthology of Batavian Poetry* he roundly asserted that the literature of Holland was less known to his fellow-countrymen than that of Hindustan and Persia; and quite lately it has been said by Professor Grierson, in the volume contributed by him to the *Periods of European Literature* series, that 'it has not been unusual to speak of Dutch literature as an entirely negligible quantity,' while he goes on to hint that if, save only for a few scholars, the works of Holland's men of letters be an unexplored or altogether unknown field, the explanation points to lack of familiarity with the language of Holland's people.

Things are somewhat different to-day. That the truth enshrined in the epigrammatic saying attributed to the Emperor Charles V—so many languages mastered so many times a man—has taken hold of English minds is plain from the ever-increasing number of persons who avail themselves of the ample provision long since made for the study of foreign languages generally. And as for 'lusty Dutch' (as Nowell styled it in his *Instructions for Forreine Travel*), there are signs that it is at last coming into its own; why else should the University of London have found it necessary to establish a Dutch Professorship and the subject be included—as it has been for several years at Cambridge—in academic lecture-lists and Honours syllabuses?

If this little book should help in extending a knowledge of the Dutch language and kindling a deserved interest in Dutch literature we shall be well content, and perhaps be encouraged to put forth another which shall introduce the student to those earlier writings which can receive but cursory notice in the present volume.

Let it be understood that what now goes to press is simply and solely a Manual, a First Book. Its introductory pages, those which treat of History, Language and Literature, give but meagre sketches; the skeleton Grammar takes no account of rare exceptions; the Glossary does not pretend to be a Dictionary; the Extracts are no Anthology of Dutch Prose and Poetry. It should be added that, notably in some which stand at the beginning, certain liberties have been taken with spelling and punctuation so as not to confuse the beginner with old-fashioned forms and individual idiosyncrasies.

Our thanks are due to holders of copyrights as set forth in the Table of Contents, to Professor P. Geyl, and, in particular, to Mr J. A. R. Reyneke van Stuwe for valuable suggestions and assistance freely rendered in the correction of proofs.

B. W. D.

H. L. J.

CAMBRIDGE,
    July 1921.

CONTENTS

		PAGE
HISTORICAL SKETCH		1

INTRODUCTION TO LANGUAGE AND LITERATURE
I. Language 6
II. Literature 7

GRAMMAR 25

EXTRACTS FROM DUTCH AUTHORS
J. J. A. Goeverneur. From *Gaston van Frankrijk* . . 37
By kind permission of A. W. Sijthoff's Uitgevers-M^{ij},
Leiden.

J. van Lennep. From *Elizabeth Musch* 42

The Dutch Bible. Ps. xxiii and St John i. 1—14 . . 50

H. J. van Peene. *De Vlaamsche Leeuw* 52

F. van Eeden. From *De Kleine Johannes* . . . 54
By kind permission of Mouton & Co., 's Gravenhage .

P. J. Blok. From *Geschiedenis van het Nederlandsche Volk* 57
By kind permission of A. W. Sijthoff's Uitgevers-M^{ij},
Leiden.

P. Nieuwland. *Het Duifje van Anakreon* and *Aan Maria L...* 60

E. D. Dekker. From *Max Havelaar* 62

J. van Lennep. From *De Werken van Vondel in verband
gebracht met zijn leven* 71

E. Wolff and A. Deken. From *Sara Burgerhart* . . 73

J. Van Effen. From *De Hollandsche Spectator* . . . 76

J. ten Brink. From *Gerbrand Adriaensz. Bredero* . . 82
By kind permission of A. W. Sijthoff's Uitgevers-M^{ij},
Leiden.

L. M. A. Couperus. From *De Zwaluwen Neér Gestreken* . 87
By kind permission of Messrs van Holkema and Waren-
dorf, Amsterdam.

EXTRACTS FROM DUTCH AUTHORS (*contd.*)   PAGE

J. Perk. *Het Lied des Storms*   92
By kind permission of S. L. van Looy, Amsterdam.

W. Kloos. From *In Memoriam. Jacques Perk*, and *Potgieter*   93
By kind permission of the author and Versluys' Uitge-
vers-M^{ij}, Amsterdam, respectively.

E. J. Potgieter. From *Het Rijksmuseum*   94

H. Roland Holst - van der Schalk. From *Het Feest der*
Gedachtenis   98
By kind permission of the author and W. L. & J. Brusse's
Uitgeversm^{ij}, Rotterdam.

N. Beets. From *Camera Obscura* 101

GLOSSARY 114

PART 1

HISTORICAL SKETCH

Before the twelfth century less is known of the history of the Netherlands than of any other European country. The territory of the Celtic tribes south of the Rhine had, until 400, formed part of the Roman Empire, while their northern neighbours, the Frisians, preserved a greater independence both then and for some centuries later, when Frankish rule had succeeded to Roman in the present Belgium. The inclusion of the Low Countries in the kingdom of Lorraine under the provisions of the treaty of Verdun (843) did not bring about any notable changes, though to the lands now forming (more or less) the kingdom of the Netherlands their grouping round the see of Utrecht (founded in 722) gave a certain unity and distinction from their southern blood and speech relations which at no subsequent epoch they entirely lost.

With the Crusades (1096—1271) the isolation of the Low Countries ended. Their inhabitants took a very active military part under their own well-known leaders, such as Geoffrey of Bouillon, and the commercial possibilities which first-hand acquaintance with the Near East suggested stimulated a very brisk trading activity among them. In this they were greatly aided by the development of manufactures; already in the thirteenth century the cloth-industry (dependent in large part on England for raw materials) had brought the greatest prosperity to Flanders and made its cities, Bruges, Ghent and Ypres, amongst the largest and most magnificent in Europe.

This naturally aroused the cupidity of the neighbouring princes to whom the half-submerged and remote country had hitherto not seemed worthy of attention, and especially of its overlords—after 1384, the Burgundian line of the house of Valois. By 1473 the dukes of Burgundy had acquired full power over all the Western and Southern provinces of the present kingdom of Holland, as well as of Artois, Luxemburg and most of Belgium. In 1465 the first assembly of the States-General (or delegates of the constituent provinces or States) was convoked at Brussels; in return for privileges in trading and local self-government they conceded heavy taxes to their overlords.

After 1477 these were members of the house of Habsburg, who saw perhaps even an increase in the prosperity and splendour of the Low Countries. They were however responsible for bringing their Dutch and Flemish possessions into contact with Spain on the one hand and more closely with the Empire on the other. For, on the division of the Habsburg realms at the abdication of the emperor Charles V (1555), the Low Countries were included in the territories of Philip II of Spain.

Charles V already had shewn great severity towards the many adherents which Protestantism had found among the lower and middle orders in the Netherlands. But Philip II alienated also the nobility and the urban patricians by deliberate infringements of their privileges, and in 1566 the storm which had long been brewing against the Habsburgs broke. It is now that the northern provinces, hitherto somewhat overshadowed by Flanders and Brabant, begin to take the lead. The war with Spain, made notorious by the atrocities of the Duke of Alva in its early days, lasted (with an armistice of twelve years) until 1648. The provisions of the peace of Münster which terminated it conceded to the insurgent northern provinces everything for which they had fought (while the southern provinces remained mere appendages to one or more of the great powers). The treaty recognized the sovereignty of the Dutch Republic, which had come into being by the Union of Utrecht in 1579 and which consisted of all the provinces forming the present kingdom of Holland except parts of Dutch Limburg in the South-East; it acknowledged the Republic's colonial acquisitions; and it severed the formal tie with the Empire.

Although the struggle with Spain was aggravated by fierce religious strife between the followers of Arminius (or Remonstrants) and those of Gomarus (or Counter-Remonstrants), which had grave political consequences, the era which it fills raised Holland to the highest pinnacle of prosperity, importance and artistic development. It was the age of Rembrandt and Hals, of Hooft and Vondel, of Oldenbarnevelt and Maurice of Nassau. It was then that the Dutch East India Company (founded 1602), the New Netherland Company (1614) and the Dutch West India Company (1621) founded a vast colonial empire, embracing by 1658 Java and Malacca, Ceylon and the Cape, large tracts round New Amsterdam (now called New York), Guiana and Brazil, with many islands in the West Indian archipelago—to mention only the most important.

The period 1648—1713 did not perhaps add to the greatness of the Netherlands; it was a time of undeniable private prosperity and considerable attainments in art and learning; Surinam and Sumatra were added to the colonial empire (1667); William of Orange, stadholder or governor of most of the Dutch provinces, became King of England. But the splendour had in some degree departed. The two naval wars with England struck a blow at Dutch commercial supremacy and lost the North American possessions; the wars with France, though conducted by William III with all the old mastery, strained the national resources; and constitutional struggles, chiefly concerned with the hereditary principle, added to the instability of the commonwealth.

The virtual extinction of the Spanish power meant the neglect of its traditional counter-check by the other great powers. After the peace of Utrecht (1713) Holland accordingly sank to the level of a second-class power and its subsequent history is not of very great moment. In 1747 a revolt against the timidity of the oligarchically constituted government then in power revived the long-standing political dispute about the headship. of the commonwealth, and William IV of Orange was made stadholder of all the individual provinces, a position declared hereditary, though it differed in important respects from both absolute and constitutional monarchy.

The Revolutionary and Napoleonic wars brought many changes. Cape Colony was ceded to Great Britain in 1814. For a time Holland with Belgium and the North-Western parts of Germany constituted part of the French Empire itself. But after the peace of 1815 it was combined with Belgium to form a new kingdom of the Netherlands, under the house of Orange and with the Hague for its capital; at the same time there began the personal connexion between Holland and Luxemburg (of which King William I was Grand Duke), which lasted until the accession of the present Queen, Wilhelmina, in 1890. Already in 1830 the Belgian provinces broke away and established a kingdom of their own. By the treaty of 1839, which confirmed this arrangement, the Grand Duke of Luxemburg lost part of his domains to Belgium, and Holland had to take over the entire debt of the old kingdom of the Netherlands, but received in compensation some territory connecting the old Limburg possessions of the Republic with the rest of the country. During the European War of 1914–21, although subjected to indignities from both sides, Holland was able to preserve its neutrality.

PART II

INTRODUCTION TO LANGUAGE AND LITERATURE

I. Language.

The official designation of what the Englishman terms Dutch is Nederlandsch; in popular usage Hollandsch. Of all the Indo-Germanic dialects nearest akin to, yet long since distinct from, German, the 'algemeen beschaafd' Nederlandsch of to-day—the Dutch, i.e., of common polite use—strikes its roots in three Low-German dialects, the character illustrated by it being that of a West-Lower-Frankish speech with an admixture of Saxon and Frisian elements. In some parts of Holland Frisian proper holds its own; and, distinct from Nederlandsch and with more affinity with English, it has its own place and history among the Germanic dialects.

But Nederlandsch is after all a comparatively modern designation. At no very remote date it had 'Nederduitsch' for a competitor; at an earlier period the term 'Duitsch' was in familiar use. This latter term—long since rejected, because of its ambiguity, by the Netherlanders themselves—is of course that which persists in the word 'Dutch' as applied by the Englishman both to the people and the language of Holland.

Of that language in its oldest phase, in days when it was starting to acquire an individuality of its own, but little can be said. What is styled 'Old-Dutch' is known to us from one document only. Nor is it possible to trace with any degree of certainty the successive processes which issued in the birth of that later form of speech which goes by the name of Middel-Nederlandsch—in English, Middle-Dutch.

This Middle-Dutch, roughly speaking, took its rise c. 1225 and lasted well into the 16th century. It would, however, be a mistake to conceive of it as a fixed quantity; and indeed for anything like uniformity in spoken and written language Holland had to wait until after her final emancipation from the yoke of Spain.

With the 16th century Modern Dutch begins. We remark many stages in its development; there was need for the language to be purified from foreign terms and phrases which had long 'besmeared[1]' it—Germanisms in the days of Bavarian princes, French idioms (traces of which survive) during the period of Burgundian rule. It owed much to a growing ascendancy of the Northern provinces; hence the use of the term Hollandsch as its common, but not official, designation. Much, again, was due to the influences of the Renaissance and the Reformation; in particular—a point elsewhere noted[2]—to Bible translations. Chiefly, perhaps, it was indebted to the accomplishment of national unity.

II. LITERATURE.

Inasmuch as but one specimen of Old-Dutch survives (the Carlovingian Psalter) we will find a starting-point in the Middle-Dutch period.

Three centuries (c. 1225—1525) are covered by that period. Its earlier stages are marked by the flowering,

---

[1] 'Besmet.' So Jonckbloed, *Gesch. der Nederl. Letterkunde*, i. p. 469.
[2] See p. 50.

more particularly in Flanders, of a vernacular literature which, revelling in the world of chivalry, was largely dependent on extraneous sources; as it · proceeds and draws towards its close a new type is met with, and one more generally popular in form and content, in aim didactic. Literature has moved outside the ranks of the once dominant nobles and ecclesiastics; a sturdy burgher-class has been coming to the front, and the plain citizen, if he still finds delight in the romance-productions of an earlier day, has begun to shew himself keenly interested in works more distinctively national and educational in tone and character.

This Middle-Dutch period was indeed marked by a vast literary activity. Rich and varied is the store of writings which have come down from it; many are the illustrious names. Of a mass of poems some reveal dependence on German sources, while others point to French originals, and notably to the cycle of Arthurian Romance. The figure of Charles the Great as glorified in legend often looms large in them, so in the case of one which has strong claims to be regarded as an original work. Taking high rank among his contemporaries a certain Hein van Aken (fl. 1300) wielded a prolific pen[1]. Of tales which then circulated in the Netherlands few were in greater favour than those, sometimes of unknown authorship, which depicted oriental scenes and told of Flemish warriors and their exploits in the Crusades; other poems suggest that the world of chivalry had passed or was passing to its decay; representative of a new order was the courtly and much-travelled Dirk Potter (d. 1428).

[1] His fame chiefly rests on a condensed and modified version of the *Roman de la Rose.*

We move back to a somewhat earlier day; and it is to find two great minds engaged in the production of that masterpiece which—largely supplemented by a later and less gifted hand—is the proud boast of the Netherlands, the *Van den Vos Reinaerde*[1]:

> For worldly wisdom never book could claim
> From fitting readers higher praise or fame
> Than the Fox Reynard...[2].

Turning from the famous beast-epic we pass to a renowned personage whom men spoke of as 'der dietschen dichter vader' and *stupor mundi*, Jakob van Maerlant (c. 1235—c. 1300), one of those semi-ecclesiastical, semi-secular personages who then were termed 'clerks.' Maerlant's literary career, soon entered, reached on into a ripe old age; he was founder of a school, and in like manner as their master his disciples appealed to the people; whether treating of history or of science, morals or theology, they struck the same didactic note as versed in the circumscribed knowledge of their period. Another type of literature embraces rhymed stories and moralizing tales which, sometimes serious (*sproken*) and sometimes highly comic (*boerden*), were recited, perhaps in some sort 'acted,' by wandering minstrels (*sprekers, zeggers*) as they plied their trade in village inn, in civic mansion, or in courtly hall; an amusing little 'Book of Etiquette' (as it might be called)[3] throws strong light on the manners of the day. Large was the supply of religious and devotional works;

---

[1] To the name of one Willem, author of a lost poem known as *Madoc* or *Madoc's Droom*, must, it is said by J. W. Muller, be added that of a certain Aernout.   Their joint work (*Reinaerde I*) is dated approximately 1250; as for the supplement (*Reinaerde II*), it is assigned to c. 1375.

[2] From the Low-German of Johann Lauremberg (or Laurenberg).

[3] *De bouc van Seden.*

Lives of Jesus and Legends of the Saints, portions of the
scriptures in paraphrase, hymns—from the Latin—in
honour of Jesus and ' Mary that sweet Maid.' As a strange
legend, one of the numerous *contes dévots* of the period,
reached an unknown monk of Brabant, it was turned by
him into a poem of subtlety and beauty, the *Beatrijs*
(14th cent.); keeping pace with a growing love of music
there were bursts of secular poetry and lyric song, and if
the tone in the first instance was somewhat reminiscent of
the courtly ' minnesang ' the voice of nature asserted itself
as time went on. There was abundance of dramatic
poetry; on its religious side represented by the mystery-
and the miracle-play; on its secular side by plays (*abele
spelen*) followed by interludes or farces (*sotternien, cluten,
possen*) which, unsavoury matter notwithstanding, have
real merit and are racy of the soil.

Thus much, by way of brief survey, of Middle-Dutch
literature.

The period now entered—it extends from c. 1525 to the
close of that century or thereabouts—is one of transition.
An age of material prosperity, the influences of the
Renaissance (Erasmus) and the Reformation (Luther)
have told; the mental horizon has widened with dis-
coveries by land and sea; the arts and the sciences have
taken a fresh lease of life. With the laudable aim of
doing for poetry and the drama in the Netherlands what
had been done for music in Germany by the ' Meistersinger,'
the Chambers of Rhetoric[1], whether in city, town, or even
village, are displaying a literary activity of sorts.

[1] Originating in the days of Burgundian rule these ' Chambers ' had
each one its own motto and device ; generally independent of each other,
their organization was similar in type ; they engaged in dramatic contests

At least two figures stand out prominently in the period. In Anna Bijns (born 1494), the poetess of Antwerp, we meet with 'a woman of her burgher-class and people' who ushered in a new epoch in language and letters; and, if her time was much occupied in fierce championing the cause of orthodoxy against the malignants (as she deemed them) of the New Learning, she could strike other notes in those 'refereinen' (refrains) which still glow with passion and for which she drew on the scenes and circumstances of everyday life. From this 'maiden small of descent yet great in understanding and of Godly life'—as the Franciscan editor of her works spoke of her—we turn to a celebrated personage from whose graphic pen there came 'the first work in which Dutch prose shewed itself an instrument of sufficient power and pliability to do the work hitherto assigned to Latin,' Philips van Marnix, Lord of St Aldegonde (1538—1598). Opinions may differ with regard to his doings as a politician; it is nevertheless frankly allowed that he was 'one of the most accomplished men of his day[1],' many-sided in his activities, of untiring energy and wide learning, great in the world of letters. He wrote much in French and much in Latin; master of his own tongue he had frequent resort to the vernacular, and in it was composed his most famous work, *De Bijenkorf der H. Roomsche Kerke*, a savage, not to say coarse and ribald, satire on 'the Holy Church of Rome.' As a piece of literature, however, its merits are beyond question; and which, from the nature of the prizes offered, were called 'Landjuweelen,' Land-jewels. Because the works of individual 'Rederijkers' were, as a rule, published anonymously—under the auspices of their 'Kamers'— but few are known to us by name although their literary remains are numerous and varied.

[1] *Camb. Mod. Hist.* iii. p. 202.

it not only appealed to the man in the street by its fierce invective but also helped to fashion his speech by its vigorous prose. St Aldegonde was also a Bible-translator; in his version of the Psalms he far surpassed his predecessor Dathenus. To him, so it is now widely conjectured or assumed, Holland owes her National Anthem, the 'Wilhelmus.'

We have approached and now we enter the Golden Age of Dutch literature.

It points primarily, by no means exclusively, to Amsterdam. Of its earlier representatives some were members of 'de oude Kamer,' as the Chamber of the Eglantine had come to be known. One of them was Hendrik Spieghel (1549—1612); his trenchant dialogue, *Twe-spraack van de Nederduytsche Letterkunst,* was published anonymously by the 'Brothers blossoming in Love,' as the members of the Eglantine styled themselves. A merchant prince of Amsterdam, he had welcomed his literary associates to the 'Muses' Tower-Court,' a summer-house erected by him in the boughs of a grand old tree in his grounds, and on his retirement to Alkmaar they foregathered at the hospitable abode of his friend and theirs, Roemer Visscher[1] (1547—1620). The latter also calls for notice; chiefly because, like Spieghel, he was keen to save his mother-tongue from sinking into a kind of bastard French, and if he gained the name of 'the Dutch Martial' he was of no great distinction as an author; his *Brabbelingh* and *Zinne-poppen* are 'epigrams and poems of a half-humourous half-didactic caste.' Two of his three daughters have still, and deservedly, a warm place in Dutch hearts; Anna, the eldest, still finds admirers for her achievements in verse. But she was over-

[1] See p. 83 ff.

shadowed by her youngest sister, the beautiful and accomplished Maria Tesselschade, who remains a shining if minor light in Dutch song.

The time has now come for making acquaintance with the really great luminaries of the Golden Age. Of European reputation for scholarship were (to give them their Latinized names) Barlaeus and Vossius, Heinsius and Grotius; yet inasmuch as they chiefly wrote in Latin, their place is hardly with those who cultivated their mother-tongue. We turn from them to the illustrious Four whose names are writ in large letters on Holland's roll of fame.

' Our greatest poet of this period, a poet of European significance.' Thus does a modern Dutch writer allude to Joost van den Vondel (1587—1679)[1]. Learning Latin and at home in French he acquired some knowledge of Italian and, later on, of Greek; busying himself with translations he thereby, so he tells us, sought to kindle his imagination, to chasten and augment his powers of style and diction. His was a case of slow development; his early productions are slight and before his talents were fully manifested he was nearing forty, while he had passed his sixtieth birthday before his masterpieces were composed; 'life only dear to him for the sake of poetry' (to quote his own words), the lamp of genius went on burning brightly to extreme old age. Long is the list of his works; he could deal out fierce invective and biting epigram ; his *Palamedes*, it is said, fell like a bombshell into the camp of men implicated in a patriot's (Oldenbarnevelt) death. Yet he could strike a note of tenderness in cases of bereavement, and rise to the occasion in bridal song. His

[1] See p. 71 ff.

Rhynstroom is a paean on the noble river which flows by
Cologne, the city of his birth; in another poem he
extols

> The town of Commerce, Amsterdam,
> Known round the circle of the globe.

Three others, deep in their religious fervour, tell of rest
found by him, brought up a Baptist, in the bosom of the
Roman Church. His pastoral, the *Leeuwendalers*, no doubt
reveals many incongruities, but there are lines in it which
come from the very Holy of Holies of his poet soul; his
Pascha is weak, yet it ushers in that magnificent series of
Biblical dramas which engaged him until far on in life.
Still does his *Gysbrecht van Amstel* draw crowds to its
annual performance. In England he is, perhaps, best
known by his *Lucifer* which handles the same subject as
the contemporary *Paradise Lost*—and here reference shall
be made to a translation (by Van Noppen) which, possessing
the merit of accuracy, is a fine interpretation of the spirit
and character of the noble poem. Voluminous writer that
he was there is, as might be expected, much dross mingled
with the fine gold in his works. We deduct it, even as we
do with Wordsworth; the large residuum justly entitles
Vondel to an immortality of fame.

'Dat Doorluchtig Hooft der Hollandsche Poeten[1].' Here
Vondel speaks; with a happy play on the name, he points
us to the 'Knightly Hooft.' Unlike Vondel, Pieter
Corneliszoon Hooft (1581—1647) was, one might say, born
in the purple; his father, an Amsterdam burgomaster, was
a man of wealth and so the lad had all the educational
advantages which the times could afford. His brilliant
gifts soon attracted the notice of Prince Maurice, and

---

[1] 'That illustrious Head (viz. Hooft himself) of Dutch poets.'

young Hooft was appointed Drost (or Bailiff) of Muiden
—to make his official residence, the Muider-Slot, the resort
of a literary and learned group of friends and acquaintances
which was known as the Muider-Kring. His literary
remains are extensive; his juvenile productions (*Achilles
en Polyxena*, *Theseus en Ariadne*) were followed by the
Granida—a pastoral which was the firstfruits of his pro-
longed stay in Italy, and his *Geeraerdt van Velsen*; in his
Baeto he dramatizes a mythical story of the origin of the
Dutch; his *Warenar*—based on matter which afterwards
employed the pen of Molière—shews him in a new vein.
In these and other dramatic productions he beat out a
speech of his own and steadily acquired a mastery over
Dutch verse. He could write charming sonnets. He was
also great as a historian—one of the greatest, not of
Holland only but of Europe in the view of Motley, while
according to Vondel, there was not a soul known to him
in the Netherlands who could pen one single page such
as those which make up Hooft's completed work. His
Henrik de Groote finished, the more elaborate task of
tracing the Republic to its birth was started on, and for
nearly twenty years he laboured at his *Nederlandsche
Historiën*. The work was left uncompleted at his death;
and although not destined to become popular it places
'the Dutch Tacitus' (as Hooft was called) without a rival
amongst the prose writers of his environment and age.

We turn now to another personage of great versatility,
Constantijn Huyghens (1596—1687). Scholar, statesman,
poet, and musician, he received the education of a noble-
man, and began at a very early age to develop those
varied gifts and tastes which distinguished him throughout
his long life; master of many languages he was keenly

interested in the arts and sciences, and it might indeed
seem that he had taken all knowledge for his province.
Immersed as he was in the affairs of State, he could
legitimately pride himself on having devoted what might
otherwise have been lost moments to much-loved literary
pursuits; to quote his own words: 'en me promenant, en
m'habillant etc. sans m'asseoir comme pour estude d'importance, ce que je n'ay jamais faict en ceste sorte
d'exercice, qui en effet ne peut passer que pour bagatelle';
and the 'ceste sorte d'exercice' finds copious illustration in
his poetic works of which some were in Latin, some in
Italian, and some in French. His mastery over form was
abundantly displayed in his own mother-tongue, in
particular in the collection of epigrams and poems on
various subjects which he published under the title of
Korenbloemen, and of which some are autobiographical
while one (*Zeestraet*) reminds us that the road from
the Hague to Scheveningen was undertaken at his
initiative; altogether different in type is his *Trijntje
Cornelis*, where he indulges in farce. Taken as a whole
his works reflect the idiosyncrasy of this 'Dutchman from
top to toe'; they are marked by pithiness of expression,
acute powers of perception, a knowledge of human life in
its manifold complexity, satire, downright earnestness, and
a rich fund of humour. With his compressed style—few
words and much in them—Huyghens is not exactly easy
reading.

Leaving Huyghens we come to Gerbrand Adriaensen
Bredero (1585—1618). Like our own Marlowe he had a
shoemaker for his father; unlike Marlowe he had but
little schooling; once more the resemblance begins, for, if
not exactly a scapegrace, the young Bredero was regarded,

no doubt deservedly, as a 'lustig gezel'; diverse the manner of their deaths yet the life of each had a tragic close. As a youth he was apprenticed to an artist and shewed such talent with the brush that, as he said himself afterwards, it brought him, not renown, but welcome pence. But his poetic genius refused to be confined within studio walls; and, enriching his store of the vernacular by freely mixing with the lower orders, he ere long gained a name for verse and thus found admission to the literary circles[1] of his native city, Amsterdam. There is much self-revelation in his letters; of his poems (for the most part comprised in the *Boertigh, Amoreus en Aendachtigh Groot Lied-boeck*) it is aptly said that it is when he indulges in racy humour or pours out love-songs that he is discovered at his best. Like Marlowe he was one of those who spend their wits in making plays, and of all his works for the stage the best are those which reflect the life and moods, the manners and customs of the people whom, knowing thoroughly, he delighted to depict. His first attempts in drama were the *Rodd'rick en Alphonsus* and the *Griane*; on them followed the *Lucelle*—an adaptation from the French of le Jars which is redeemed from insipidity by his own creation, that outstanding personage Lecker-beetjen the cook. But his dramatic reputation rests mainly on his achievements in the sphere of comedy and farce (*De Klucht van de Koe* and *De Klucht van den Molenaer, Het Moortje* and *De Spaensche Brabander*). Speaking generally, he is weak then only when he attempts to soar beyond his range or strays in unaccustomed fields; when most himself he is really great. His scenes abound in racy detail and his characters are drawn

[1] See p. 82 ff.

to the life; there is rich play of humour, shrewd hit and proverb wisdom, comicality and quip and jest.

Each in his own way these four men towered above their contemporaries in the Golden Age. Of these the most noteworthy are Cats and Heemskerck. What shall be said of Jacob Cats? In his own day much revered and incense still burnt to him by middle-class admirers of those tedious and soporific moral emblems which streamed in monotonous flow from Holland's Raad-pensionaris, he has found his own level; severely castigated by one compatriot and styled by another the Ovid of the Netherlands for the quantity, not the quality, of his verse, the name of poet is almost denied by modern criticism to ' Vader Cats.' To Heemskerck belongs the credit of originality in the field of Dutch romance.

It has been said of Vondel that the history of his long life—he was 92 when he died—is a chronicle of the whole rise and decline of the literature of Holland. Regard had to activities in those earlier periods which have been rapidly surveyed, one might prefer to speak of a 'rise' which culminated in the Golden Age; otherwise the verdict might go by unchallenged, for of Holland's later men of letters—of high merit some of them—not one has come near to, much less equalled, those great personages who remain the glory of their own and after times. Nor are symptoms of deterioration far to seek; the 18th century sets in, and although the day of Dutch supremacy is over that of material prosperity has set in, men's minds are occupied with the pursuit of gain. The taste is all for French; and, generally speaking, slavish imitation, mawkish affectation, artificiality and formality are characteristic of the literature produced.

Yet from amidst the mass of mediocrity there stand out men—and women—who, eager to stem the current, displayed real talent in their respective works. Though he failed in tragedy Pieter Langendijk (1683—1756) could shine in comedy, and his best work (*De Spiegel der Vaderlandsche Kooplieden*) is a satire on the self-complacent plutocrat of the times. Of higher calibre was Justus van Effen (1684—1735)[1], and his *Hollandsche Spectator* reveals a master hand in prose. In the later decades of the century we find several writers contributing towards a raising of literary standards; and here we fasten on the names of Betje Wolff and Aagje Deken[2], who, influenced by Richardson yet Dutch to the core and with a sparkling vivacity entirely their own, kindled fresh life by romances in the form of letters of which two at any rate have a perennial charm. With a keen eye for literary defects and blemishes, himself steeped in English and German authors, Van Alphen (1746—1803) rendered yeoman service as he taught his compatriots modesty by pointing them beyond the narrow confines of their own land. Room must be made for one whose innate sentimentality and melancholic temperament were fed on Goethe's 'Werther,' Rijnvis Feith (1753—1824): as for Jacobus Bellamy (1757—1786), his span of life was short, else something better might have come from him than 'pompous odes.' In Willem Bilderdijk (1756—1831) we encounter an embittered and uninviting personality, one who had nothing but disdain for Shakespeare; it is nevertheless true that his remains in prose and poetry are of a calibre which give him high and lasting rank. A younger contemporary of his was Jan Frederik Helmers (1767—

[1] See p. 76.   [2] See p. 73.

1813); he is remembered by lyric poems which, if rhetorical, strike a genuinely national note.

The 19th century is already entered; and, apart from Bilderdijk, but few prominent names are met with in its earlier decades. Short-lived had been the revival, nor had the national ferment which issued in national independence lent more than feeble impetus to literary pursuit. Yet at least one man's pen was inspired by Holland's liberation from the sway of France, and he, Johannes Henricus van der Palm, a scholarly personage, bequeathed a record of events in well-cadenced if sententious prose. ·Popular in his day, nor yet then only, was Hendrik Tollens (1780—1856) who in his *Overwintering op Nova Zembla* elaborated a stirring theme, and even if it be somewhat redolent of the self-complacency of the period his *Wien Neerlands bloed* still moves the heart. Da Costa (1798—1860), warmly attached to and influenced by Bilderdijk, displayed independent gifts, nor was his first Jewish and then Christian muse—for some years dormant—restricted to hymn expressive of his faith or based on Bible topic; in *De Slag bij Nieuwpoort* he recounts the heroism of Prince Maurice. Like many others Christiaan Staring (1767—1840) drew his inspiration from the Golden Age; and to works in the field of romance he added some really fine lyrics.

We have neared, soon to get beyond, the middle of the last century. It is to find more attention being paid to foreign literature; the spell of romanticism has reached the Netherlands; there arise authors who, striving after yet not always achieving originality, are generally national in bent. Oldest of these was Jacob van Lennep (1802–68)[1],

[1] See p. 42.

editor and biographer of Vondel, in his still popular
historical novels an imitator of Scott. For the brilliant
Aarnout Drost (1810–34) the span of life was short;
an important rôle was nevertheless played by him as
founder of 'De Musen' and inspirer of friends and col-
leagues whose reputation is not solely to be measured by
their contributions to *De Gids*. Of these one was Reinier
Bakhuizen van den Brink (1810–68), novelist and historian,
another the sturdy Everardus Johannes Potgieter (1808–
75)[1]; a third, Conrad Busken Huet (1826–66), who,
pioneer in Biblical criticism that he was, quitted the
pulpit for a literary career and whose *Het Land van
Rembrandt* is regarded as the crown of his works. There
are other names, more or less prominent, amongst them
those of Nicholaas Beets[2], the author of *Camera Obscura*,
and of Eduard Douwes Dekker[3], self-styled 'Multatuli.'

With the sonnets and other poetic writings of the young
Jacques Perk (1859–81)[4] a new epoch in Dutch literature,
for which the work of Busken Huet and Potgieter in
particular had paved the way, may be said to have com-
menced. This more or less conscious 'movement,' inspired
on the one hand by the passion for beauty and for freedom
which it found in the poetry of Keats and of Shelley, on
the other by the sternly realistic contemporary writers of
France and Scandinavia, is known as 'De Beweging van
Tachtig' ('The Movement of 'Eighty') and culminated in
the foundation of *De Nieuwe Gids* in 1885. Of the many
writers of genius and talent who came to the front then
and subsequently only a few can be mentioned here.

Marcellus Emants and Herman Heijermans figure as
dramatic authors; sharing their dramatic instinct Frederik

[1] See p. 94.　　[2] See p. 100.　　[3] See p. 62.　　[4] See p. 92.

van Eeden[1] has produced some verse but attracts more attention by his prose. A conspicuous name is that of Albert Verwey; Willem Kloos[2], founder and co-editor of *De Nieuwe Gids*, wields a learned and trenchant pen, while his wife is that gifted lady who has some 25 novels and romance sketches to her credit, Jeanne Reyneke van Stuwe; to Hélène Swarth the tribute has been paid by Lodewijk van Deyssel (K. J. L. Alberdinck Thijm, himself a co-editor of the aforenamed periodical and a writer of mark) that 'she does not merely tell us tales—she sings.' Louis Couperus[3] is a novelist of fame; deservedly in repute are Johannes de Meester, Herman Robbers and Ary Prins; Israel Querido combines a passionate love of music with devotion to literary pursuits; numerous historical romances, in style rhythmic, have come from Arthur van Schendel and Adriaan van Oordt. Gerard van Hulzen and Frans Coenen are wont to find their theme in peasant life; some important dramas stand to the credit of Josine Adriana Simons *née* Mees—her husband is the scholarly editor of the 'Wereldbibliotheek'; whether writing severally or in collaboration Margo Antink and Carel Scharten (another married pair) are well known for their prose and verse. Many more names might, of course, be instanced, but those of Carel van Scheltema, Augusta de Wit, and Henriette Roland Holst *née* van der Schalk[4], must close the imperfect list.

But scant space is available for those parts of Belgium where, as is pointed out below[5], the written language is in the main identical with that of Holland. There had been a long period of literary stagnation; foremost in effecting a revival was Jan Frans Willems (1794—1840),

[1] See p. 54.   [2] See p. 93.   [3] See p. 87.   [4] See p. 98.   [5] See p. 25.

and to him there followed, each striking out his own path, Prudens van Duyse (1804–59) and Karel Lodewijk Ledeganck (1812–83). It is told of Hendrik Conscience (1812–83) that his own Flemish people were taught by him the art of reading, and, whether dealing with bygone glories of his own land or idealizing scenes of village life, his works still grip an interest which extends beyond Flemish borders. Homely yet picturesque, its theme the countryside, is the verse of Jan van Beers (1821–88); greater as a poetic genius and in lasting influence was Guido Gezelle (1830–99) who combined devotion to his priestly duties with patient linguistic research, his richest melodies belong to the evening of his life. August Vermeylen lives on at his home near Brussels; author it may be but of a single book (*De Wandelende Jood*) he claims attention as an essayist; founder of *Jong Vlaanderen* and *Van Nu en Straks* and now editor of *Vlaanderen* he has done much to bring out the talents and stimulate the energies of younger men. Nephew of Gezelle and by trade a baker, 'Stijn Streuvels' (Frank Lateur) owed much to his poet-uncle; possessed of keen insight, strong in portraiture and colouring, he is pre-eminently the novelist of peasant life. Like him in his preferences for Flemish modes of diction, with more than a touch of mysticism, is Herman Teirlinck, author of (*int. al.*) *De Wonderbare Wereld*, and *Johan Doxa*. Felix Timmermans, author of *Pallieter*, shews promise of becoming one of the considerable figures in European literature.

In South Africa literary development is only emerging from its youth. For its starting-point we cannot go back much further than the opening decades of the last century and it illustrates the use not only of what may be called

Dutch proper, but of that peculiar form of the language which is known as Africander-Dutch or Cape-Dutch. Amongst its leading representatives—whether poets, prose writers, or dramatists—are the following:—Frans Willem Reitz, Jan Lion Cachet, J. F. van Oordt ('D'Arbez'), and J. D. Kester, Melt J. Brink, Jan F. E. Celliers, C. Louis Leipoldt, Christiaan Zinn, and Jacob Daniel Dutoit. There is much in their respective works which is suggestive of a vigorous growth.

The student is referred to the following works—some of them have been laid under contribution.

ENGLISH.

> Gosse, Artt. in *Encycl. Brit.*; *Northern Studies.*
>
> Grierson, *The First Half of the Seventeenth Century.*
>
> Van Noppen, *Vondel's Lucifer.*
>
> Barnouw, *Beatrijs, a Middle Dutch Legend* (with Introduction, Grammar, and Glossary). See also an admirable rendering of the great poem by Harold de Wolf Fuller.

FRENCH.

> Duproix, *Nicolas Beets et la littérature Hollandaise.*

DUTCH.

> De Groot, *Nederl. Letterkunde.*
>
> Appeldoorn en Van Vliet, *Neerlands Groote Mannen.*
>
> De Vooys, *Histor. Schets van de Nederl. Letterkunde.*
>
> Jonckbloed, *Geschiedenis der Nederl. Letterkunde.*
>
> Ten Brink,　　　,,　　　　　　,,　　　　　　,,
>
> Kalff,　　　　,,　　　　　　,,　　　　　　,,
>
> Te Winkel, *Ontwikkelingsgang der Nederl. Letterkunde*; also (in German) *Niederländische Litteratur* in Paul, *Grundriss der German. Philologie*, Vol. ii. pp. 419—520.
>
> Prinsen, *Handboek tot de Nederl. letterk. Geschiedenis.*
>
> Leopold (8th ed., revised by Pik), *Nederl. Schrijvers en Schrijfsters: Proeven uit hun Werken*, met beknopte Biographieën en Portretten.

To which it may be added that many of the works instanced in the foregoing pages are included, in cheap form, in the 'Pantheon Series.'

PART III

GRAMMAR

I. Introductory.

1. Distribution of the Language. Dutch (*Nederlandsch*) is spoken in the kingdom of the Netherlands, in the northern and western provinces of Belgium, in a small district of northern France, in parts of the Union of South Africa and of the United States of America, and in the Dutch colonial empire.

2. Type and Script. Dutch type and script are the same as English.

3. Alphabet. The Dutch alphabet is the same as the English.

Note. The following diacritics are in use :

′ to indicate emphasis on words usually unaccentuated (cf. §19 *a*).

^ to indicate a contracted form, e.g. *wêer* for *weder*.

‥ to indicate that two neighbouring vowels belong to different syllables, e.g. *Italië*.

II. Pronunciation.

4. Vowels. The vowels in Dutch have the following values :

	Nearest equivalent	Nearest English equivalent
Short **a** = Engl. c*u*t		
,, **e** = Fr. *été* (shortened)		*bet*
,, **i** = Scotch p*i*n		*pretty*
,, **o** = Ital. temp*o*		*falter*
,, **u** = between Engl. f*u*r & Fr. *eux*-mêmes		*fur*
,, **y** = Fr. t*u*lle		(t*i*ll)

	Nearest equivalent	Nearest English equivalent
Long **a, aa** = Engl. *fa*ther		
,, **e, ee** = Fr. *é*té		*ma*te
,, **i, ie** = Engl. m*ie*n		
,, **o, oo** = Fr. *e*au		*ro*te
,, **u,** $\left\{\begin{matrix}\textbf{uu}\\\textbf{uw}\end{matrix}\right\}$ = Fr. l*u*ne, Ger. M*ü*hle		(m*u*le)

Note 1. A vowel is always pronounced short when succeeded by two or more consonants, or by one consonant in a monosyllabic word, e.g. *wŏrden, dăg*; a vowel is always pronounced long when it bears the accent (cf. § 7) and is final or followed by a single consonant + *e*, e.g. *gā, genōmen*.

Note 2. In old-fashioned Dutch writers the diphthong *ij* is often **written** *y*, but should not be confused in pronunciation with *y* proper.

5. **Diphthongs and Compound Vowels.** Diphthongs and compound vowels are pronounced strictly according to their component elements (e.g. $aai = \bar{a} + i$), with the following exceptions:

$\left.\begin{matrix}\textbf{au}\\\textbf{ou}\end{matrix}\right\}$ are pronounced as in Engl. fl*ou*nce.

$\left.\begin{matrix}\textbf{ei}\\\textbf{ij}\end{matrix}\right\}$ are pronounced approximately as in Engl. pl*ay*ing.

oe is pronounced as in Engl. r*u*de.

ui = *eu* (in Fr. bl*eu*) + *u* (in Fr. t*u*lle). (Nearest Engl. equivalent c*oy*).

Note. The termination *-lijk* is pronounced as is Scotch *lick*.

6. **Consonants.** With the following exceptions, Dutch consonants have the same value as English:

ch = Scotch lo*ch*.

g = voiced *ch*, educated South German sa*g*en.

j = *y*es.

s = ye*s* (in all positions).

sch = ye*s* (initially before *r*, medially and finally)
= *s* + *ch* (elsewhere).

sj = wa*sh*.

w = *v*ine (initially), *w*ine (elsewhere).

Note 1. Finally and in many compound words *b, d, g, v, z,* are pronounced *p, t, k, f, s,* e.g. *goe*d, *goe*d*v*inden; conversely, final *f* and *s* frequently represent medial *v* and *z* respectively.

Note 2. Many proper names and words directly derived from the French and Latin are irregular in pronunciation.

Note 3. In the termination *-en* the final *-n* is not pronounced.

7. Accent. In general, verbs bear the accent on the root-syllable, and other words on the first syllable.

III. THE DECLINED PARTS OF SPEECH.

8. In Dutch, as in English, the genitive and dative cases are seldom used, but are replaced by prepositions which, with one exception, govern the accusative. (Cf. § 31.)

9. Article. The definite article *de*, and the indefinite article *een* are declined as follows:

	M.	F.	Singular N.	M.	F.	N.
N.	*de*	*de*	*het, 't*	*een*	*een*	*een*
Acc. & D.	*den*	*de*	*het, 't*	*een*	*een*	*een*
Gen.	*des*	*der*	*des*	*eens*	*eener*	*eens*
			Plural			
N. & A.	*de*	*de*	*de*			
Gen.	*der*	*der*	*der*			
Dat.	*den*	*den*	*den*			

Note. Longer forms, now formal or old-fashioned, are sometimes found in literature.

10. Gender of Nouns. (*a*) Dutch has three genders: masculine, feminine and neuter.

(*b*) The gender of a noun is generally determined by its termination and not necessarily by its connotation, e.g. *het meisje*, the girl.

(*c*) Most nouns have the same gender as their cognates in German.

11. Declension of Nouns. (*a*) Except for the genitive singular of masculine and neuter nouns, all cases coincide with the nominative form (of the singular or plural as the case may be).

(*b*) The following nouns form the genitive singular by adding -*n* (or -*en*) (cf. § 6, n. 3) to the nominative form :

Masculine : *bediende, bode, getuige, gevangene, heer, mensch, naaste, overste, prins, vorst, wijze* (and a few others).

Neuter : *hart.*

(*c*) All other masculine and neuter nouns form the genitive singular by adding -*s* to the nominative form.

(*d*) Nouns ending in -*a*, -*aar*, -*aard*, -*el*, -*em*, -*en*, -*erd*, -*ier* and -*je*, most recent loan-words, and a very few others form the plural with the suffix -*s*; all others with -*en* (after consonants) or -*n*.

(*e*) Phonetic laws (cf. § 4, n. 1 and § 6, n. 1) are responsible for apparently irregular plurals like the following: *ra, raas; daad, daden; gebeurtenis, gebeurtenissen; golf, golven.* Compare *paard, paarden ; dăg, dāgen.*

(*f*) A few nouns insert -*er*-, or -*der*- between the stem and the plural suffix, e.g. *kind, kinderen* (or *kinders*); *hoen, hoenders* (or *hoenderen*).

(*g*) The plural of the noun-suffix -*heid* is -*heden.*

12. Declension of Adjectives. (*a*) Adjectives are only declined when used attributively (as in German), e.g. *de schoone vrouwen*, but *de vrouwen zijn schoon.*

(*b*) The following are the case-endings of adjectives :

| | Singular | | | Plural | | |
	Masc.	Fem.	Neut.	Masc.	Fem.	Neut.
Nom.	-*e*	-*e*	- or -*e*		-*e*	
Acc.	-*en*	-*e*	- or -*e*		-*e*	
Gen.	-*en*	-*e*	-*e*		-*e*	
Dat.	-*en*	-*e*	-*en*		-*en*	

(*c*) In the nominative and accusative singular neuter the form **without suffix** is generally used when the adjective is preceded (i) by neither article nor pronoun, (ii) by *een, geen, ieder, eenig, menig, elk, welk, zeker,* or a personal pronoun ; in all other instances the form **with -e** is used ; e.g. *een goed huis, mijn goed huis,* but *het goede huis.*

(*d*) An *e*-less form sometimes occurs in nominative singular masculine under similar conditions.

(*e*) The phonetic laws affecting the declension of adjectives are the same as those affecting the nouns (cf. § 11 (*e*)).

13. Comparison of Adjectives (and Adverbs derived from Adjectives). (*a*) The comparative is formed by the suffix *-der* (after *r*) or *-er* (in all other instances).

(*b*) The superlative is formed by the suffix *-st.*

(*c*) Comparison with *meer* and *meest* is frequent.

(*d*) Cf. § 12 (*d*).

14. Personal Pronoun. Declension :

| | | Singular | | Plural | |
		Nom.	Acc. & Dat.	Nom.	Acc. & Dat.
1st Pers.		*ik, 'k*	*mij, me*	*wij, we*	*ons*
2nd Pers.				*gij, ge*	*u*
				jelui, jullie	*jelui, jullie*
3rd Pers., Masc.		*hij*	*hem*	*zij, ze*	Acc. *hen, ze*
					Dat. *hun, ze*
	Fem.	*zij, ze*	*haar, ze*	,,	*haar, ze*
	Neut.	*het, 't*	*het, 't*	,,	as Masc.

Note 1. The genitive forms, *mijner, mijns ; onzer, ons,* &c. are now extremely rare.

Note 2. For the second person singular the plural forms *gij, ge, u* are used, in the literary language only. In the colloquial language are substituted either *jij, je* and *jou, je,* or, very formally, a periphrasis with the third person singular (as in French), or, most usually, *U* (for *uwe Edelheid*), taking the third person singular or second person plural, e.g. *gij zongt zoet, mevrouw*; *je* (or *jij*) *zongt zoet, mevrouw*; *mevrouw zong zoet*; *U zong* (or *zongt*) *zoet, mevrouw.*

Note 3. The third person (singular and plural) has a special reflexive form, *zich*; the other two persons use the ordinary pronoun.

15. Possessive Pronouns. The possessive pronouns are *mijn, mijne, mijn*; *zijn,* &c.; *haar, hare, haar*; *zijn,* &c.; *onze, onze, ons*; *uw,* &c.; *hun,* &c., *haar,* &c., *hun,* &c.; declined as follows:

	Singular			Plural
	Masc.	Fem.	Neut.	Masc. Fem. Neut.
Nom.	*mijn*	*mijn(e)*	*mijn*	*mijn(e)*
Acc.	*mijn(en)*	*mijn(e)*	*mijn*	*mijn(e)*
Gen.	*(mijns)*	*(mijner)*	*(mijns)*	*(mijner)*
Dat.	*mijn(en)*	*mijn(er)*	*mijn(en)*	*mijn(en)*

Note. For the second person singular the plural form *uwe, uwe, uw* is generally used. The more colloquial form is *je, je, je.*

16. Demonstrative Pronouns. The demonstrative pronouns *die, die, dat* (that), *deze, deze, dit* (this), *gene, gene,* — (that, yon), have the same case-endings as *mijn* (cf. § 15).

17. Relative Pronouns. The relative pronouns are very irregular and defective.

	Singular			Plur.
	Masc.	Fem.	Neut.	M., F., N.
Nom.	*die, welke* (who, which)	*die, welke*	*dat, hetwelk*	*die, welke* (*wie*)
Acc.	*dien, welken, wien*	*die, welke, wie*	*dat, hetwelk*	*die, welke* (*wie*)
Gen.	*wiens* (*welks*)	*welker, wier*	*welks*	*welker, wier*
Dat.	*welken, wien*	(*welke, wie*)	(*dat, hetwelk*)	*welken, wien*

18. **Interrogative Pronouns.** Declension :

	Singular			Plural
	Masc.	Fem.	Neut.	M., F., N.
Nom.	*wie* (who ?)	*wie*	*wat*	*wie*
Acc.	*wien*	*wie*	*wat*	*wie*
Gen.	*wiens*	*wier*		*wier*
Dat.	*wien*	*wie*	*wat*	*wien*

The forms of *welke* quoted in § 17 are also used for the interrogative pronouns (which ?).

19. **Numerals.** (*a*) All cardinal numbers are indeclinable, except *één* (one) which, save that the nominative and accusative feminine are *ééne*, is declined like the indefinite article (cf. § 9).

(*b*) All ordinal numerals are declined like adjectives (cf. § 12).

1 *één*	*eerste*	13 *dertien*	*dertiende*
2 *twee*	*tweede*	14 *veertien*	&c.
3 *drie*	*derde*	15 *vijftien*	
4 *vier*	*vierde*	20 *twintig*	*twintigste*
5 *vijf*	&c.	30 *dertig*	&c.
6 *zes*		40 *veertig*	
7 *zeven*		41 *één-en-veertig*	*één-en-veertigste*
8 *acht*	*achtste*	80 *tachtig*	
9 *negen*	*negende*	100 *honderd*	*honderdste*
10 *tien*	&c.	200 *tweehonderd*	*tweehonderdste*
11 *elf*		1000 *duizend*	*duizendste*
12 *twaalf*			

IV. THE VERB.

20. The whole grammar of the verb in Dutch most closely resembles that in German.

21. **Conjugations.** There are two conjugations: weak and strong. **Weak verbs** form the preterite by adding *-te* (after *p, t, k, s, ch, sch*) or *-de* (in all other instances) to the stem, and the past participle by prefixing *ge-* and adding *-t* and *-d* respectively to the stem.

The **strong verbs** form the preterite by altering the stem vowel (mutation), and the past participle by the prefix *ge-*,

the suffix -*en* and (generally) mutation of the stem vowel
as well.

Note 1. When a weak stem ends in -*t* or -*d*, the past participle is
formed without a suffix.

Note 2. For the prefix *ge-* in **compound verbs** cf. § 30.

22. Ablaut-series. The following are the regular forms
which the mutation of stem vowels in strong verbs takes:

	Infin. and Pres.	Pret.	Past Part.	Notes
(a)	*i* or *e*	*o*	*o*	Stem ending in two
	drinken	*dronk*	*gedronken*	consonants
	gelden	*gold*	*gegolden*	
(b)	*e*	*a*	*o*	Stem ending in one con-
	nemen	*nam*	*genomen*	sonant, not a dental
(c)	*i* or *e*	*a*	*e*	Stem ending in a
	zitten	*zat*	*gezeten*	single consonant,
	eten	*at*	*gegeten*	generally dental
(d)	*a*	*oe*	*a*	Stem vowel almost in-
	dragen	*droeg*	*gedragen*	variably long
(e)	*ij*	*ee*	*e*	
	schrijven	*schreef*	*geschreven*	
(f)	*ie* or *ui*	*oo*	*o*	
	gieten	*goot*	*gegoten*	
	sluiten	*sloot*	*gesloten*	
(g)	*a, oe, oo,* or *ou*	*ie*	*a, oe, ō* or *ou* resp.	
	laten	*liet*	*gelaten*	
	roepen	*riep*	*geroepen*	
	loopen	*liep*	*gelopen*	
	houwen	*hieuw*	*gehouwen*	

23. Personal Endings. The personal endings, both
for strong and weak verbs, are as follows:

	Pres. Ind.	Pret. Ind.	Pres. & Pret. Subj.	Present Imperative
Sing. 1st Pers.			-*e*	
2nd ,,	(cf. § 14, n. 2)			
3rd ,,	-*t*		-*e*	
Plur. 1st Pers.	-*en*		-*en*	
2nd ,,	-*t*		-*et*	-*t*
3rd ,,	-*en*		-*en*	

Infinitive: -*en*.
Pres. Particip.: -*end(e)*.

Note 1. The subjunctive is very rare.

Note 2. The infinitive is used subjectivally when we use the present participle, e.g. *het zingen* = the singing.

Note 3. Phonetic laws (cf. § 4, n. 1 and § 6, n. 1) are responsible for apparent irregularities like *ik rijs* from *rijz-en*, and *ik neem* from *nēmen*.

24. Compound Tenses. The perfect, pluperfect, &c., are formed by the past participle with the auxiliary verb *zijn* (in most intransitive verbs implying motion or change of condition) or *hebben* (in all other intransitive verbs, all reflexive verbs and all transitive verbs).

For the irregular conjugations of *zijn* and *hebben* cf. the perfect conjugations in § 28 and § 27 respectively.

25. The future tense is formed by the infinitive with the auxiliary verb *zullen*.

26. The passive voice is formed with the past participle and the auxiliary verb *worden*.

Note. *Worden* may be dropped in the perfect tenses of the passive.

27. Paradigm of a strong verb forming the perfect with *hebben.*

	ACTIVE	PASSIVE
		Infinitive
	nemen	*genomen te worden*
		Indicative
Pres. Sg. 1st P.	*ik neem*	*ik word genomen*
3rd P.	*hij neemt*	*hij wordt genomen*
Pl. 1 & 3 P.	*wij, zij nemen*	*wij, zij worden genomen*
2nd P.	*gij neemt*	*gij wordt genomen*
Pret. Sg. 1st P.	*ik, hij nam*	*ik, hij werd genomen*
Pl. 1 & 3 P.	*wij, zij namen*	*wij, zij werden genomen*
2nd P.	*gij namt*	*gij werdt genomen*

		ACTIVE	PASSIVE
			Subjunctive

		ACTIVE	PASSIVE
Pres. Sg.	1st P.	*ik neme*	*ik worde genomen*
	3rd P.	*hij neme*	*hij worde genomen*
Pl.	1 & 3 P.	*wij, zij nemen*	*wij, zij worden genomen*
		gij nemet	*gij wordet genomen*
Pret. Sg.	1 & 3 P.	*ik, hij name*	*ik, hij werde genomen*
		&c.	&c.

Imperative

Pres. Sg.	2nd P.	*neem*	*word genomen*
Pl.	2nd P.	*nemt*	*wordt genomen*

Pres. Participle

		nemend(e)	*genomen wordend(e)*

Future

Pres. Sg.	1 & 3 P.	*ik, hij zal nemen*	*ik, hij zal genomen worden*
Pl.	1 & 3 P.	*wij, zij zullen nemen*	&c. &c.
	2nd P.	*gij zult nemen*	

Perfect Indic.

Pres. Sg.	1st P.	*ik heb genomen*	*ik ben genomen (worden)*
	3rd P.	*hij heeft genomen*	*hij is genomen (worden)*
Pl.	1 & 3 P.	*wij, zij hebben genomen*	*wij, zij zijn genomen (w.)*
	2nd P.	*gij hebt genomen*	*gij zijt genomen (worden)*
Plup. Sg.	1 & 3 P.	*ik, hij had genomen*	*ik, hij was genomen (worden)*
Pl.	1 & 3 P.	*wij, zij hadden genomen*	*wij, zij waren genomen (w.)*
	2nd P.	*gij hadt genomen*	*gij waart genomen (worden)*

Perfect Subj.

Pres. Sg.	1 & 3 P.	*ik, hij hebbe genomen*	*ik, hij zij genomen (worden)*
		&c. &c.	&c. &c.
Plup. Sg.	1 & 3 P.	*ik, hij hadde genomen*	*ik, hij ware genomen (w.)*
		&c. &c.	&c. &c.

Future Perfect

Sg. 1 & 3 P.	*ik, hij zal genomen hebben*	*ik, hij zal genomen (worden) zijn*

Past Participle

	—	*genomen*

28. Paradigm of a weak verb forming the perfect with *zijn*.

ACTIVE

Infinitive

slippen

		Indicative	Subjunctive
Pres. Sg.	1st P.	*ik slip*	*ik slippe*
	3rd P.	*hij slipt*	*hij slippe*
Pl.	1 & 3 P.	*wij, zij slippen*	*wij, zij slippen*
	2nd P.	*gij slipt*	*gij slippet*

ACTIVE

		Indicative	Subjunctive
Pret.	Sg. 1 & 3 P.	*ik, hij slipte*	
	Pl. 1 & 3 P.	*wij, zij slipten*	(as the Indicative)
	2nd P.	*gij sliptet*	

Imperative

Pres.	Sg. 2nd P.	*slip*
	Pl. 2nd P.	*slipt*

Pres. Part.

slippend(e)

Future

	Sg. 1st P.	*ik zal slippen*
		&c. &c.

Perfect

Pres.	Sg. 1st P.	*ik ben geslipt*	*ik zij geslipt*
	3rd P.	*hij is geslipt*	*hij zij geslipt*
	Pl. 1 & 3 P.	*wij, zij zijn geslipt*	*wij, zij zijn geslipt*
	2nd P.	*gij zijt geslipt*	*gij zijt geslipt*
Plup.	Sg. 1 & 3 P.	*ik, hij was geslipt*	*ik, hij ware geslipt*
	Pl. 1 & 3 P.	*wij, zij waren geslipt*	*wij, zij waren geslipt*
	2nd P.	*gij waart geslipt*	*gij waret geslipt*

Future Perfect

	Sg. 1 & 3 P.	*ik, hij zal geslipt zijn*

Past Participle

geslipt

29. **Compound Verbs.** Compound verbs are conjugated weak **or** strong according to the conjugation of the simple verb from which they are derived, e.g. *nemen, genomen* ; *uitnemen, uitgenomen.*

30. **Separable and Inseparable Compound Verbs.** (*a*) Whether conjugated weak or strong, compound verbs are either separable or inseparable. In general, verbs compounded with a prepositional prefix or with accented *mis-* are separable, all others inseparable.

(*b*) In the present and preterite indicative **in main sentences** the prepositional prefix of **separable verbs** always follows the conjugated stem, either immediately (in the ordinary order of words) or as the last word in the clause (in the imperative or when the order of words is inverted (cf. § 32)); the infinitive is formed by inserting *te* without coalescence between prefix and stem; and the past participle by inserting *-ge-* with coalescence between prefix and stem, e.g. *ik ga uit*; *toen ging hij met groote schreden de poort uit*; *ga snel uit*; *uit te gaan*; *uitgegaan*.

In subordinate sentences the prefix and stem coalesce and keep the usual order, e.g. *ik weet dat hij uitging*.

(c) In all tenses of **inseparable verbs** the prefix and stem coalesce and keep the usual order; *-ge-* is almost invariably omitted from the past participle, e.g. *ik ontga*; *toen ontging hij door de poort*; *ontga snel*; *te ontgaan*; *ontgaan*.

V. Uninflected Parts of Speech.

31. Prepositions. All prepositions govern the Accusative, except *te*, which governs the Dative.

VI. Syntax.

32. (a) In main sentences, when the subject is the first word of the whole period, the order of words is the same as in English.

(b) But when the subject of the main sentence is preceded by an adverb, an adverbial phrase or a subordinate sentence, inversion takes place: i.e. the verb precedes the subject, the object coming at the end; e.g. *Toen dronk de Koning zijn wijn*. (Cf. also § 30 (b).)

(c) In subordinate sentences the verb comes at the very end; otherwise the order of the words is as in English.

(d) Very long adjectival phrases are found. (Cf. p. 73, l. 12.)

PART IV

EXTRACTS FROM DUTCH AUTHORS

JAN JACOB ANTOINE GOEVERNEUR (1809—1889).

Studied at Groningen. Dependent on his pen for a livelihood and
doing much hack-work—translations and adaptations, popular tales
—he could be original and give play to irony; there is genuine
humour in e.g. 'Het Kinderbal'; his version of the legend of the
Flying Dutchman is rich in colouring and not wanting in strength.
He had talents which, in other circumstances, might have raised
him to poetic rank; his 'Gedichten en Rijmen' have much feeling
and purity of note. The work from which the following extract is
taken is based on one of many theories as to the identity of 'the
man with the iron mask.'

From *Gaston von Frankrijk.*

Op een dag kwam[1] de baron in vrouw Jobin's huisje,
On one day came the baron into Mrs Jobin's little house

met eene groote doos onder den arm. Hij zette de doos
with a big box under the arm. He sat the box

op tafel neer, opende ze[2] en haalde er[3] een keurige
on (the) table down, opened it and drew a smart

soldatenuniform uit, benevens een geweertje en een
soldier's uniform out of it, besides a little gun and a

kleinen sabel. Nu verzocht[4] hij[5] Caroline, deze kleeding
little sword. Then requested he Caroline, this clothing

[1] From *komen.* [2] *doos* is feminine; hence *ze* not *het.* [3] the word
er, frequently used, refers to a preceding noun or noun-phrase, and has
the force of French *en* or *y*, or of our *there* in compounds like *there*after;
here it refers to *doos* and must be taken together with *uit* four words
further on. [4] from *verzoeken.* [5] inversion after preceding adverb.

aan te trekken¹. Het kind, dat de schitterende uniform
on to put. The child, which the glittering uniform

met open mond had staan² aankijken², uitte een kreet van
with open mouth had stood gazing at³, uttered a cry of

blijdschap; in één oogwenk lagen⁴ de meisjeskleeren⁵ op
joy; in one twinkling lay the girl's clothes on

den grond en stak⁶ Caroline⁵ in het soldatenpakje.
the ground and stuck⁷ Caroline in the little soldier's kit.

Hoe allerliefst⁸ zag⁹ het kind er¹⁰ mee uit! De baron
How very charming saw the child there with ¹¹. The baron

zag¹² den knaap met welbehagen aan en vertelde hem
looked at the boy with satisfaction and told him

nu, dat dit geschenk van eene voorname dame kwam,
now that this present from a high-born lady came,

eene verwante van hem, die hem spoedig eens zou
a relative of his, who him soon sometime should

komen bezoeken, met hare vriendin.
come to visit¹³, with her (female) friend.

Den volgenden morgen kwamen dan ook werkelijk
The following morning came then too really

twee zeer voorname dames¹⁴ met eene kamenier en twee
two very high-born ladies with a maid and two

lakeien. Toen vrouw Jobin haar zag, nam zij¹⁴ de twee
lackeys. When Mrs Jobin them saw, took she the two

kinderen bij de hand en ging¹⁵ met hen de dames te
children by the hand and went with them the ladies to

---

¹ *aantrekken* is a separable verb, cf. Grammar, § 30 (*b*), p. 35 f.   ² infinitive.   ³ i.e. which had stood gazing with open mouth at the glittering uniform.   ⁴ from *liggen*.   ⁵ inversion after preceding adverb.
⁶ from *steken*.   ⁷ i.e. stood, or was dressed.   ⁸ an elative form;
cf. our *alderliefest*, Germ. *allerliebst*.   ⁹ *zag* with *uit* five words further on
from the separable verb *uitzien*, cf. Grammar, § 30 (*b*), p. 35 f.   ¹⁰ cf. note 3
on preceding page.   ¹¹ i.e. How very charming the child looked in it.
¹² separable verb; where is the missing part?   ¹³ i.e. who was going
to visit him sometime before long.   ¹⁴ inversion after preceding
adverb or adverbial phrase or clause.   ¹⁵ from *te gemoet gaan*,
separable verb.

gemoet. In het eerst waren de kinderen[1] wat verlegen
meet.   At (the) first   were the children somewhat shy

voor de   deftige   dames, maar toch bood[2] Caroline[1]
in front of the distinguished ladies, but   yet offered Caroline

haar elk een bouquetje rozen aan, dat vrouw Jobin haar
them each a   little posy of roses   , which Mrs   Jobin her

daartoe   in de hand had gegeven. De grootste
for that purpose into the hand had   given.   The tallest

der twee dames—het was de hertogin van Chevreuse,—
of the two ladies— it was the   duchess of   Chevreuse,—

nam[2] het ruikertje rozen lachende aan en kuste den
accepted the little nosegay of roses laughing   and kissed the

knaap hartelijk. De andere dame scheen beschroomd en
boy   heartily. The other   lady seemed   timid   and

aangedaan. Zij zag[2] den knaap oplettend aan en ging
moved.   She looked at the boy   attentively   and went

toen, op den arm der hertogin leunend, naar het priëel,
then, on the arm of the duchess leaning,   to the arbour,

waar zij zich neerzette. 'En is hij dat nu?' vroeg zij
where she herself sat down[3]. 'And is he that now?'[4] asked she

met zachte stem. 'Ja, Mevrouw, en het is waarlijk een
with soft   voice. 'Yes, madam, and it is   truly   a

aardige jongen!' antwoordde de hertogin.
fine   boy!'   answered the duchess.

De dames bleven[5] ontbijten en de baron gaf[6] zich
to take breakfast   himself

alle moeite[7] om haar recht feestelijk te onthalen en
trouble in order   right festively   entertain

bewees[8] haar grooten eerbied. Na het ontbijt gingen de
respect.   breakfast

dames met den baron en de twee kinderen   wandelen
to walk (i.e. walking)

[1] Inversion after preceding adverb or adverbial phrase or clause.
[2] separable verb; where is the missing part?   [3] i.e. sat herself down.
[4] i.e. is that he now?   [5] from *blijven* = to stay.   [6] from *geven* = to give.
[7] i.e. took all pains.   [8] from *bewijzen* = to shew.

in het park.   De kleinste der twee nam den knaap bij de
                    smallest

hand en keuvelde vriendelijk met hem.   Verscheidene
          chatted   friendlily   Several

malen omhelste zij hem en drukte hem aan het hart en
times embraced   pressed

dan kwamen de tranen haar in de oogen.
                tears   eyes.

Eenige uren later vertrokken¹ de dames weer.   De
A few hours   again.

kleinste van de twee kon zich bijna niet losrukken van
                        could   almost not² tear away

den knaap.   Bij het rijtuig gekomen, dat voor de poort
                      carriage   gate

van het park wachtte, viel³ zij bijna in zwijm; de baron
              waited,   swoon ;

moest⁴ haar het kind uit de armen rukken en haar moed
had to   tear   courage

toespreken.   Zelfs de vroolijke, luchthartige hertogin van
speak into⁵.   Even   cheerful,   lighthearted

Chevreuse kon⁶ hare tranen niet bedwingen, toen zij de
              could   repress   when

droefheid harer gezellin zag.   Zij hielp⁷ haar in de koets,
sadness of her companion   into   coach,

waar de dame bevend en schreiend op de kussens neer-
              quivering   weeping   cushions

zonk⁸.   De baron gaf den koetsier een wenk en het rijtuig
                        coachman   sign

rolde heen.
    away.

Zoo was het⁹, dat de koningin van Frankrijk haar zoon
So   queen   France   her   son

¹ From *vertrekken* = to depart.   ² i.e. hardly.   ³ from *vallen* = to
fall.   ⁴ from *moeten*.   ⁵ lit. speak courage into her, i.e. bid her
take courage.   ⁶ from *kunnen*.   ⁷ from *helpen*.   ⁸ from
neerzinken = to sink down.   ⁹ inversion.

weerzag[1], dien ze in het eerste uur zijner geboorte reeds
      whom   hour of his   birth already

had moeten afstaan! Want, naar al wat er[2] van deze
         part with !   For,

geheimzinnige geschiedenis bekend is geworden, is het zoo
  mysterious   history   known   as

goed als zeker dat Caroline—of eigenlijk Karel,—een
good as certain   or   really (Charles),

tweelingbroeder van Lodewijk den Veertiende was.
  twin-brother   (Lewis)   Fourteenth

Vrouw Jobin was in de wolken[3] met al de fraaie
                                      beautiful

geschenken, die de twee bezoeksters in de hut achter-
  presents,   female visitors   cottage left

gelaten hadden. Het médaillon met een vrouwenportret
behind   lady's portrait

er[2] in, dat de kleine dame den knaap om den hals had
                                   neck

gehangen aan een gouden ketting, bracht[4] de goede vrouw
 hung   by   golden chain,   good

in verrukking. 'Neen, als dat niet eene prinses is, dan
  ecstasy.   if   not   princess

heet ik[5] geen Marie Jobin meer!' riep[7] zij. En zij had
am called no   more[6]

het niet mis[8], want het was degelijk het portret der
                    really

koningin. Welke moeite de nieuwsgierige min zich
       However much   inquisitive nurse

evenwel gaf om den naam der dame uit den heer van
yet

Anglecourt te krijgen, het baatte niet; der baron liet[9]
       get   availed   expressed

---

[1] From *weerzien* = to see again.   [2] cf. note 3 on p. 37.   [3] lit. was in the
clouds, i.e. was enchanted.   [4] from *brengen* = to bring.   [5] inversion.
[6] i.e. then my name is no more M. J.   [7] from *roepen* = to call, cry.
[8] lit. had it not amiss, i.e. was not wrong there.   [9] separable verb.

zich daar niet over uit[1] en vrouw Jobin's nieuwsgierigheid
   (that)   about   curiosity

bleef[2] onbevredigd.
   unsatisfied.

Van dien tijd af bleef[2] Caroline[3] echter jongenskleeren
   this time forward   however   boys' clothes

dragen[4] en werd zij[3] Karel genoemd, tot groote blijdschap
to wear   called   to

van den levendigen knaap.   Ach, welk een geluk, dat
         lively   Ah, what   good fortune[5]

wij menschen niet in onze toekomst kunnen lezen, want dan
   human beings   our   future   read,

zou[6] de angst voor toekomstige rampen onze helderste
        terror   at   calamities   brightest

dagen verduisteren.   Karel verblijdde zich over de
      darken[7]   rejoiced

verandering en wie weet, of die[8] het niet juist was, die
   change   who knows   just

hem naderhand in het ongeluk bracht.
   afterwards   misfortune

JACOB VAN LENNEP (1802—1868).

The son of an Amsterdam Professor. Studied at Leiden ; embraced the legal profession ; in later life was a member of the Dutch
Parliament. Influenced by Bilderdijk, yet more so by English
authors—in particular by Byron and Scott ; the latter serving him
as model not only for his earlier tales in verse, but when, turning to
prose, he produced a series of historical novels and romances (e.g.
De Pleegzoon, Onze Voorouders, Ferdinand Huyck and *Elizabeth*

---

[1] Separable verb.   [2] from *blijven* = to remain.   [3] inversion.
[4] *bleef...dragen* = continued to wear.   [5] i.e. what a good thing it is.
[6] from *zullen*.   [7] i.e. our terror at future calamities would darken our
brightest days.   [8] viz. *de verandering.*

Musch) which were much admired, and are still widely read. His fine edition (in 12 volumes, with a running biography) of the works of Vondel is regarded as a standard book.

From *Elizabeth Musch*.

Het gezelschap werd gaandeweg vermeerderd door genoodigden, die, sommige van de naburige buiten-verblijven, doch de meeste uit den Haag, kwamen aangereden. Onder deze laatste bevond zich ook Van Espenblad, die terstond op Gourville toereed, en dezen zijn genoegen betoonde van hem te ontmoeten.

'Wel!' zeide hij: 'gij zult nu gelegenheid hebben, de windhonden van Zijn Hoogheid[1] hun bekwaamheid te zien ten-toon-spreiden.'

'Wat zeker zeer vereerend voor mij is,' antwoordde Gourville: 'maar het spijt my eenigszins, daardoor niet in staat te zijn, den Heer De Witt heden een bezoek te brengen, gelijk gij mij hadt doen hopen, dat ik gisteren zou hebben kunnen doen.'

The company was gradually augmented by guests who came riding up, some from the neighbouring country-seats, the majority however from the Hague. Amongst the latter was also Van Espenblad, who straightway rode up to Gourville and expressed to him his pleasure at meeting him.

'Good!' said he, 'now you shall have an opportunity of seeing His Highness's greyhounds shew their metal.'

'Which indeed is a great honour for me,' answered Gourville, 'but I am rather sorry that I shall on that account be unable to pay a call on Heer De Witt to-day, as you had led me to hope that I might have done yesterday.'

[1] The Prince of Orange, afterwards William III of England. Many other historical personages figure in the book. Elizabeth Musch, wife of Buat, was a grand-daughter of the poet Jacob Cats.

'Ja!' viel Van Espenblad in: 'de Heer De Witt is gisteren verhinderd geweest u te ontvangen. De Heeren Colbert, Blaespeil en Van Beverningk waren uit Kleef hier aangekomen, en hebben een groot gedeelte van zijn tijd genomen. Maar bovendien, ik kan u wel vooraf zeggen, dat gij schipbreuk bij hem zult lijden. Hij wil van een bemiddeling van Spanje nog minder hooren dan de Prins,' voegde hij er lachende bij. En toen, Sylvius in 't oog krijgende: 'Zie ik wel, of heb ik 't mis?' vroeg hij: 'mijn Heer Sylvius hier!'

'Gelijk gij ziet,' zeide deze: 'en zeer verheugd van u te ontmoeten.'

'Ik had u zeker niet hier verwacht,' hernam Van Espenblad: 'ongetwijfeld heeft Buat u aangespoord, de zee over te steken.'

'Neen,' antwoordde Sylvius, eenigszins verwonderd: 'Buat wist al zoomin van mijne komst als iemand hier.'

'Nu, dat's om 't even,' hernam Van Espenblad: 'in

'Yes,' chimed in Van Espenblad, 'Heer De Witt was prevented yesterday from receiving you. The gentlemen Colbert, Blaespeil and Van Beverningk had arrived here from Cleves and had taken up a great part of his time. But further, I can tell you beforehand that you will certainly come to grief (lit. suffer shipwreck) with him. Even less than the prince will he hear of mediation from Spain,' he added, laughing. And then, his eye falling on Sylvius: 'Do I see aright, or am I wrong?' he asked, 'Mijnheer Sylvius here!'

'As you see,' said the latter, 'and very glad to meet you.'

'I certainly had not expected you here,' responded Van Espenblad, 'without doubt Buat has urged you to cross the sea.'

'No,' replied Sylvius, somewhat surprised, 'Buat knew no more of my coming than anyone here.'

'Well, that's all one,' Van Espenblad went on, 'at all events, the

allen gevalle is het doel uwer overkomst zeker, een vroom
werk te doen en den vrede te helpen sluiten.'

'Den vrede!' zeide Gourville, die deze laatste woorden
gehoord had: 'Komt mijn Heer....'

'Met dezelfde inzichten als mijn Heer de Gourville,'
viel Van Espenblad in: 'o! het getal is *legio* van hen, die
den vrede willen bevorderen: 't geen mij zou doen vermoeden, dat die nog verre te zoeken is.—Maar stil,'
vervolgde hij, 'daar is Zijn Hoogheid.'

Deze woorden hadden de uitwerking, dat de oogen van
Gourville, die reeds met een uitdrukking van bevreemding
en wantrouwen op Sylvius gevestigd waren, zich naar den
stoep van het Lusthuis wendden, op welken Willem III
verschenen was, den arm gevende aan de schoone en
schitterende Jonkvrouw, of, gelijk men toen meer algemeen
zeide, Mademoiselle Van Beverweert, en gevolgd door
Boreel, den jongen Heenvliet, Buat, Bromley en een
geheelen stoet van Edelen en Jonkvrouwen. Hij groette

object of your coming over is certainly to do a pious work and to
help in concluding peace.'

'Peace!' said Gourville, who had heard these last words, 'Is
mijnheer coming....'

'With the same views as mijnheer de Gourville,' interrupted
Van Espenblad, 'oh! their number is legion who wish to advance
peace; which leads me to surmise that it is still far to seek.—But
hush!' he continued, 'there is His Highness.'

These words had the effect that the eyes of Gourville, which had
already been fixed with an expression of surprise and suspicion on
Sylvius, turned (themselves) towards the flight of steps belonging to
the villa, on which William III had appeared, giving his arm to the
beautiful and brilliant Jonkvrouw—or, as one then said more
commonly, Mademoiselle—Van Beverweert and followed by Boreel,
young Heenvliet, Buat, Bromley and a whole train of nobles and
ladies. He greeted those present politely, then went down the steps,

met wellevendheid de aanwezigen, daalde toen den stoep af, hielp eerst met ridderlijke beleefdheid de Jonkvrouw te paard, en besteeg toen zijn eigen ros. Snel liet hij zijn oogen om zich heen gaan, reed op Sylvius toe, wien hij de hand drukte en een paar woorden in 't oòr fluisterde, gaf aan Gourville den wensch te kennen, dat de jachtpartij hem niet te zeer zou tegenvallen, en vervoegde zich daarna bij den Heer van Heenvliet.

'De Heer Houtvester heeft zeker alles wederom met zijn gewone zorg beschikt?' vroeg hij.

'Althans voor zooveel mijn departement aangaat,' antwoordde Heenvliet: 'en ik hoop, dat het door mij verrichte[1] de goedkeuring van Uwe Hoogheid zal wegdragen.'

'De onderwijzer behoeft niet naar de goedkeuring des leerlings te vragen,' hervatte Willem, lachende: 'het is dus afgesproken, dat wij het veld tot Voorschoten zullen afjagen, en over Wassenaar terugkeeren.'

helped first with chivalrous courtesy the Jonkvrouw on to her horse and then mounted his own steed. He quickly let his eye travel round about him, rode up to Sylvius, whose hand he pressed and into whose ear he whispered a few words, signified to Gourville his wish that the hunting-party would not disappoint him too much and thereafter betook himself to mijnheer van Heenvliet.

'The Heer Verderer no doubt has again arranged everything with his usual care?' he enquired.

'At any rate in so far as my department is concerned,' replied Heenvliet, 'and I hope that what I have arranged will receive Your Highness's approbation.'

'The master does not need to ask for the pupil's approbation,' William resumed, laughing, 'it is thus agreed that we will carry the hunt through the country as far as Voorschoten and return by way of Wassenaar.'

[1] *Verrichte* is neuter of past part. used as a noun.

'Ten zij Uwe Hoogheid het anders verkiezen mocht,' zeide Heenvliet.

'Ik keur alles goed,' antwoordde de Prins: 'en nu, daar weer en wind gunstig en alles gereed is, op weg maar!'

En terstond zijn ros in beweging stellende, reed hij, onder een blij hoorngeschal, de brug over, gevolgd door den geheelen stoet. Men zwenkte dadelijk het Bosch uit en kwam eerlang aan de weilanden, die bejaagd zouden worden. Het was een fraaie, zoele morgen, gelijk men soms, zelfs hier te lande, in Februari aantreft: een van de winterdagen, waarop ons reeds een balsemende voorjaarslucht te gemoet stroomt, die ons bijna zou doen gelooven, dat wij spoedig de lente zullen zien wederkeeren, wisten wij niet, dat wij eerst nog Maart met zijn gure stormbuien en April met zijn regenvlagen moeten doorworstelen. En daarbij, nog niet een der voorboden van het warme seizoen liet zich op de uitgestrekte weide zien:

'Unless Your Highness should determine it otherwise,' said Heenvliet.

'I approve of everything,' replied the Prince, 'and now, since weather and wind are favourable and everything ready, let us be up and away!'

And thereupon putting his steed into motion he rode over the bridge to the sound of a cheery blare of horns, followed by his whole retinue. They immediately wheeled out of the Bosch and came before long to the meadow-lands which were to be hunted. It was a fine, mild morning, such as one sometimes, even in this country, meets with in February: one of the winter days on which already a fragrant spring air streams to meet us and which nearly makes us believe that we shall quickly see spring return, did we not know that we still had March with its chill rain-storms and April with its showers to struggle through first. And besides, not one of the harbingers of the warm season was yet (lit. let itself yet) to be seen

geen ojevaar was nog het hem bekende plekjen komen
terug vinden : geen kieviten vertoonden zich nog, die
cierlijke kringen vormende, waarby heur¹ wieken, zoo
vaak zij door de zon bestraald worden, als lichtvonken
flikkeren : slechts hier en daar stoven koppels spreeuwen
van voor de voeten der paarden weg, of scheen een oude
kraai, op den top van een walvischkaak of van een boerehek
gezeten, de komst van den stoet af te wachten en tilde
dan eerst, als met moeite, de zware vleugels op, om zich
op een afstand weêr neder te zetten.

Dan, hoe gunstig ook de weersgesteldheid ware, minder
voordeelig was die van het jachtveld : daar de grond over
't algemeen vrij drassig was, en zich hier en daar groote
plassen bevonden, die men nog kon rondrijden zoolang
men stappende voortging, doch welke het te voorzien was,
dat moeilijk zouden kunnen vermeden worden wanneer
men eens het wild achtervolgde. Het moge ons, die nu
leven, dan ook vreemd schijnen, dat men tot jagen een dag

on the spreading meadow-land : no stork had yet come to find again
the little spot it knew : no peewits shewed themselves yet, making
graceful circles, in which process their wings glittered like sparks of
light as often as they were shone upon by the sun ; only here and
there couples of starlings darted from before the horses' feet or an
old crow, sitting on the top of a whale's jaw or a farm-gate, seemed
to await the arrival of the party and only then lifted up, as if with
difficulty, its heavy wings in order to settle again at a distance.

Then, however propitious the weather conditions might be (lit.
weather-condition was), those of the hunting-ground were less
favourable ; as the soil in general was pretty swampy and there
were here and there great pools which one could still ride round as
long as one went forward at walking-pace, but which, it was to be
foreseen, would be avoided with difficulty once one was pursuing the
game. And it may too seem strange to us living nowadays that a

¹ = haar.

uitkoos in een zoodanig ongeschikt seizoen, 't welk heden
bovendien tot het verboden tijdperk behoort. Maar,
ofschoon men in de zeventiende eeuw geen tijd van
opening en sluiting der jacht kende, zoo was deze des-niet-
te-min ook toen ongeoorloofd wanneer er sneeuw of ijs op
het veld lag; terwijl de jachtordonnantiën in Holland
streng verboden, het geheele jaar door meer dan twee
malen in de week ter jacht te gaan, en tevens, op éénen
dag meer dan twee hazen en één of twee koppels konijnen
te vangen.—Het natuurlijk gevolg dezer bepaling was, dat
de liefhebbers geene gelegenheid, die maar niet bepaald
ongunstig was, verzuimden.

De belemmeringen, welke men nu en dan ondervond,
zoo door de plassen van welke ik heb gesproken, als door
de slooten, die het weiveld doorsneden, hadden dan ook ten
gevolge gehad, dat het grootste deel der jagers, en daaronder de dames, niet over de weilanden voortreden, maar
een binnenweg hielden, van welken men de vlakte kon

day was selected for hunting in so unsuitable a season, which more-
over at the present day belongs to the close-time. But, although in
the seventeenth century people knew no time for opening and
closing the hunting (-season), none the less hunting (lit. the latter)
even at that date was not allowed when snow or ice was lying on
the land; while the hunting regulations in Holland strictly forbade,
throughout the whole year, (anyone) to go hunting more than twice
in the week and, at the same time, to take more than two hares and
one or two brace of rabbits on one day.—The natural result of these
restrictions was that the enthusiasts neglected no opportunity unless
it was (lit. which however was not) decidedly unfavourable.

The obstacles, which one now and then encountered, as well in
the pools of which I have spoken, as in the ditches which intersected
the meadow-land, had furthermore the effect, that the greatest part
of the hunters, and among them the ladies, did not ride on over the
meadows, but kept to a byroad from which one could overlook the

overzien. Wat den Prins betrof, die als een echte jager, voor geene hinderpalen terugdeinsde, hij bleef aan 't hoofd der overigen recht toe recht aan het jachtveld houden, nu en dan een kort woord tot Heenvliet of Gourville richtende, maar bestendig het oog over de vlakte latende rondgaan, met diezelfde scherpte van blik en met diezelfde innige belangstelling, waarmede hij later zoo menig slagveld overzag.

open country. As for the Prince, who as a true sportsman shrank from no obstacles, he remained at the head of the others, keeping straight on to the hunting-ground, now and then addressing a short word to Heenvliet or Gourville, but constantly letting his eye travel round over the open country, with the same sharp gaze and the same grave interest with which he later surveyed so many a battle-field.

THE DUTCH BIBLE.

As in other countries so in Holland, translations of the Bible into the vernacular had much to do with the development of the language. It is said that the task of producing a new version was committed, in the first instance, to Philips van Marnix, Lord of St Aldegonde (who had already put forth a fine rendering of the Psalms), and that, at his death in 1598, it passed into other hands. Possibly some of this celebrated personage's work survives in the *Staten-Bijbel*, which was the offspring of a resolution of the Synod held at Dordrecht in the years 1618–19, and, as the title indicates, was published under the authority of the States-General.

From the *Staten-Bijbel*.

Psalm xxiii.

EEN Psalm van David.

De HEERE is mijn Herder: mij zal niets ontbreken.

2. Hij doet mij nederliggen in grazige weiden: Hij voert mij zachtkens aan zeer stille wateren.

3. Hij verkwikt mijne ziel; Hij leidt mij in het spoor der gerechtigheid, om Zijns Naams wil.

4. Al ging ik ook in een dal der schaduwe des doods, ik zou geen kwaad vreezen; want Gij zijt met mij; Uw stok en Uw staf, die vertroosten mij.

5. Gij richt de tafel toe voor mijn aangezicht, tegenover mijne tegenpartijders; Gij maakt mijn hoofd vet met olie; mijn beker is overvloeiende.

6. Immers zullen het goede en de weldadigheid mij volgen al de dagen mijns levens; en ik zal in het huis des HEEREN blijven in lengte van dagen.

St John i. 1—14.

1. IN den beginne was het Woord, en het Woord was bij God, en het Woord was God.

2. Dit was in den beginne bij God.

3. Alle dingen zijn door Hetzelve gemaakt, en zonder Hetzelve is geen ding gemaakt, dat gemaakt is.

4. In Hetzelve was het leven, en het leven was het licht der menschen;

5. En het licht schijnt in de duisternis, en de duisternis heeft het niet begrepen.

6. Er was een mensch van God gezonden, wiens naam was Johannes.

7. Deze kwam tot een getuigenis, om van het licht te getuigen, opdat zij allen door hem gelooven zouden.

8. Hij was het licht niet, maar *was gezonden*, opdat hij van het licht getuigen zou.

9. *Dit* was het waarachtige licht, hetwelk verlicht een' iegelijk mensch, komende in de wereld.

10. Hij was in de wereld, en de wereld is door Hem gemaakt; en de wereld heeft Hem niet gekend.

4—2

11. Hij is gekomen tot het Zijne, en de Zijnen hebben Hem niet aangenomen.

12. Maar zoo velen Hem aangenomen hebben, dien heeft Hij macht gegeven, kinderen Gods te worden, *namelijk* die in Zijnen naam gelooven;

13. Welke niet uit den bloede, noch uit den wil des vleesches, noch uit den wil des mans, maar uit God geboren zijn.

14. En het Woord is vleesch geworden, en heeft onder ons gewoond (en wij hebben Zijne heerlijkheid aanschouwd, eene heerlijkheid als des Eeniggeborenen van den Vader), vol van genade en waarheid.

H. J. VAN PEENE.

H. J. van Peene (1811–64), a native of Ghent, became by his zealous labours, chiefly in the domains of vaudeville and farce, one of the pioneers of the Flemish dramatical revival. But the following poem (some lines of which are omitted) alone of all his works survives, as a song stirringly set to music by his nephew Charles Miry.

The laws of metre are the same in Dutch as in English.

De Vlaamsche Leeuw.

Zij zullen hem niet temmen,
　　Den fieren Vlaamschen Leeuw,
Al dreigen zij zijn vrijheid
　　Met kluisters en geschreeuw;
Zij zullen hem niet temmen,
　　Zoolang een Vlaming leeft,
Zoolang de Leeuw kan klauwen,
　　Zoolang hij tanden heeft.

Chorus : Zij zullen hem niet temmen,
  Zoolang een Vlaming leeft,
Zoolang de Leeuw kan klauwen,
  Zoolang hij tanden heeft.

De tijd verslindt de steden,
  Geen tronen blijven staan;
De legerbenden sneven:
  Een volk zal niet vergaan.
De vijand trekt te velde,
  Omringd van doodsgevaar:
Wij lachen met zijn woede,
  De Vlaamsche Leeuw is daar.
                    Chorus.

Hij strijdt nu duizend jaren
  Voor vrijheid, land en God,
En nog zijn zijne krachten
  In al haar jeugdgenot.
Als zij hem machtloos denken
  En tergen met een schop,
Dan recht hij zich bedreigend
  En vreeslijk voor hen op.
                    Chorus.

Het wraaksein is gegeven,
  Hij is hun tergen moê;
Met vuur in 't oog, met woede
  Springt hij den vijand toe.
Hij scheurt, vernielt, verplettert,
  Bedekt met bloed en slijk,
En zegepralend grinst hij
  Op 's vijands trillend lijk.

Chorus: Zij zullen hem niet temmen,
Zoolang een Vlaming leeft,
Zoolang de Leeuw kan klauwen,
Zoolang hij tanden heeft.

FREDERIK VAN EEDEN.

Frederik Willem van Eeden, physician, social reformer and man of letters, was born at Haarlem in 1860. He was one of the leaders of the 'movement of 'eighty' and a member of the first editorial committee of *De Nieuwe Gids*, its organ. Here appeared the first and most famous part of his fantastic story, *De Kleine Johannes*, from which the following extract is taken. Van Eeden has written other novels, plays and a good deal of poetry.

From *De Kleine Johannes.*

Op het gras bij de vogelkers lag een meisje. Johannes zag alleen haar licht-blauw kleedje en blond haar. Een roodborstje, dat op haar schouder zat, pikte uit haar hand.

Op eenmaal wendde zij het hoofd om en zag Johannes aan.

'Dag, jongetje!' zeide zij en knikte vriendelijk.

Weer tintelde het Johannes van het hoofd tot de voeten. Dat waren Windekinds oogen, dat was Windekinds stem.

'Wie zijt ge?' vroeg hij. Zijn lippen beefden van aandoening.

'Ik ben Robinetta!—en dit is mijn vogel. Hij zal niet schuw voor je zijn. Hou je van vogels?'

Het roodborstje was niet schuw voor Johannes. Het vloog op zijn arm. Dat was juist als vroeger. Het moest toch Windekind zijn, dat blauwe wezen.

'Vertel me eens hoe je heet, jongetje,' zeide Windekinds stem.

'Kent gij mij niet? Weet ge niet, dat ik Johannes heet?'

'Hoe zou ik dat weten?'

Wat beteekende dat? Het was toch de bekende, zoete stem, het waren toch de donkere, hemeldiepe oogen.

'Hoe zie je mij zoo aan, Johannes? Heb je mij ooit meer gezien?'

'Ja, ¹ik geloof het wel.¹'

'Dat heb je toch zeker gedroomd.'

Gedroomd? dacht Johannes. Zou ik alles gedroomd hebben? Of zou ik nu droomen?

'Waar zijt gij geboren?' vroeg hij.

'Heel ver van hier, in een groote stad.'

'Bij menschen?'

Robinetta lachte. Het was Windekinds lach. '¹Ik geloof het wel¹. Jij niet?'

'Ach ja, ik ook!'

'Spijt je dat?—Hou je niet van menschen?'

'Neen!—Wie zou van menschen houden?'

'Wie? Wel, Johannes, wat ben je een raar jongetje! Hou je meer van dieren?'

'O, veel meer—en van bloemen.'

'Ik doe dat eigenlijk ook wel eens. Een enkelen keer. Maar dat is niet goed. Wij moeten van menschen houden, zegt Vader.'

'Waarom is dat niet goed?—ik houd van wien ik wil, of het goed is of niet.'

'Foei, Johannes!—Heb je dan geen ouders of iemand die voor je zorgt? hou je niet van hen?'

'Ja,' zeide Johannes nadenkend. 'Ik houd van mijn vader. Maar niet omdat hij goed is. Ook niet omdat hij een mensch is.'

¹⁻¹ I should rather think so.

'Waarom dan?'

'Dat weet ik niet,—omdat hij niet is als andere menschen, omdat hij ook van bloemen en vogels houdt.'

'Dat doe ik ook, Johannes! dat zie je.' En Robinetta riep het roodborstje op haar hand en sprak het vriendelijk toe.

'Dat weet ik,' zeide Johannes, 'Ik houd ook viel van u.'

'Nu al?¹ Dat is vlug!' lachte het meisje. 'Van wie hou je wel het meeste?'

'Van....' Johannes weifelde. Zou hij Windekinds naam noemen?—De vrees, dat die naam hem tegenover menschen mocht ontvallen, was onafscheidelijk van al zijn denken. En toch, was dit blonde wezen in het blauwe kleed Windekind niet? Wie anders kon hem dat gevoel van rust en geluk geven?

'Van u!' zeide hij opeens en zag met vollen blik in de diepe oogen. Moedig waagde hij die volkomen overgave, maar hij was toch angstig en wachtte gespannen de ontvangst van zijn kostbaar geschenk.

Weer lachte Robinetta met helderen lach, doch zij vatte zijne hand, en haar blik werd niet koeler, haar stem niet minder innig.

'Wel, Johannes,' zeide zij, 'waarmeê heb ik dat zoo op eens verdiend?'

Johannes antwoordde niet en bleef haar aanzien met groeiend vertrouwen. Robinetta stond op en legde haar arm om Johannes' schouders. Zij was grooter dan hij.

Zoo wandelden zij door het bosch en plukten groote bundels sleutelbloemen, totdat zij wel weg konden schuilen onder den berg van doorschijnend geel gebloemte. Het

¹ Already?

roodborstje vloog mede van tak tot tak en gluurde naar
hen met schitterende zwarte oogjes.

Zij spraken niet veel, doch keken elkaar dikwijls van ter
zijde aan. Zij waren beide verbaasd over hun ontmoeting
en half onzeker, wat zij van elkaar denken moesten.

Doch spoedig moest Robinetta terug, het speet haar.

'Nu moet ik weg, Johannes! Maar wil je nog eens
wandelen met me? Ik vind je een aardig jongetje,' zeide
zij bij 't heengaan.

'Wiet! wiet!' zei het roodborstje en vloog haar achterna.

P. J. Blok.

Dr P. J. Blok, born in 1855, occupies the chair of history at
Leiden; the publication of the *Geschiedenis van het Nederlandsche
Volk* put him in the front rank of contemporary Dutch historians.
The following extract from it tells of the attempt of Prince Frederick,
second son of King William I of the Netherlands, to quell the
rebellion, that, in imitation of the July Revolution in Paris, had
broken out in Brussels (as well as other parts of Belgium) as a
protest against the union with Holland.

From *Geschiedenis van het Nederlandsche Volk*. Vol. VIII.

In den morgen van den 23sten [September 1830] vertoonden zich de hollandsche troepen voor vier der
stadspoorten en eischten binnengelaten te worden. Zij
maakten zich na eenigen tegenstand van die poorten
meester en waren reeds om 10 uren in het bezit van de
geheele bovenstad. Ook de benedenstad zou gemakkelijk
te bemachtigen geweest zijn, hoewel de aanvoerders bij de
barrikaden scherpen tegenstand zouden bieden. Maar de

prins, opziende tegen bloedvergieten, begon weldra bezwaar
te vinden in den reeds aanvangenden barrikadenstrijd, die
hier en daar [1]de daaraan niet gewone geregelde troepen
deed terugdeinzen[1] en waarbij vrouwen, kinderen en
grijsaards met geestdrift medevochten. Den ganschen
dag werd met verbittering vooral in de Rue Royale en op
sommige boulevards gestreden, totdat de avond viel en de
strijdenden zich terugtrokken; de barrikaden bleven zoo
goed als verlaten en het Park, waar de soldaten heer en
meester waren, werd in diepe stilte gehuld. Een aanval
van de generaals Trip en Cort Heyligers op Leuven[2] was
intusschen mislukt en ook Thienen[3] weigerde den laatste
den toegang. In het hoofdkwartier van den prins te
Schaerbeek heerschte teleurstelling en D'Hoogvliet en
andere trachtten hem over te halen den aanval te staken
en het leger terug te trekken, maar de prins, in den waan
gebracht dat Brussel niet langer weerstand zou bieden,
weigerde en besloot door te gaan. Den 24[sten] [4]stroomde
het in den vroegen morgen vrijwilligers[4] uit den omtrek
naar Brussel, waarheen ook Gendebien, Van de Weyer,
Rogier, Jottrand en andere vluchtelingen met een aantal
vrijwilligers terugkeerden. De strijd werd hervat en bleef
ook dezen dag voortduren. In den laten avond eindigde
hij op dezelfde wijze als te voren. De verdediging werd
tegen den volgenden dag bepaaldelijk gesteld onder leiding
van Van Halen, ' [5]commandant et chef des forces actives[5],'
als zoodanig aangewezen door D'Hoogvorst, Rogier en den
oud-officier[6] Jolly, die de algemeene leiding op zich namen

[1-1] Caused the regular troops (who were unfamiliar with it) to fall back.
[2] Louvain. [3] Tirlemont.
[4-4] *Transl.* in the early morning volunteers poured....
[5-5] Commandant and chief of the active forces. [6] ex-officer.

als 'commission administrative.' Geruchten van een voor-
genomen plundering der stad door de hollandsche troepen
zetten de bevolking den 25sten opnieuw aan tot voortzetting
van den kamp, thans onder geregelde militaire leiding.
De hollandsche troepen hadden in den nacht opnieuw alle
gelegenheid gehad om de geheel verlaten barrikaden te
nemen maar ook ditmaal werd die gelegenheid verzuimd
en in den morgen van den 25sten begon de barrikadenstrijd
opnieuw; zwakke pogingen tot onderhandeling werden
gewaagd maar mislukten en Van Halen waagde zelfs een
aanval op het Park, waarin zijne vrijwilligers een oogenblik
doordrongen. Ook den avond van dien dag trok men zich
van beiden zijden terug; ook thans bleven de barrikaden
in den nacht onbewaakt en ongemoeid.

Een Voorloopig Bewind, bestaande uit de drie genoem-
den[1], De Mérode, Gendebien en Van de Weyer, vormde
zich den 26sten, riep de belgische militairen tot aansluiting
op en ontsloeg hen van den eed aan den Koning. Nog
hoopte men te Schaerbeek op een schikking; alleen
generaal De Constant Rebecque drong aan op krachtig
doortasten onder leiding van hertog Bernhard van Saksen-
Weimar, die daartoe uit Gent werd opontboden. Voor de
vierde maal trachtten intusschen de hollandsche troepen
door de Rue Royale binnen te dringen, maar zij werden
teruggeworpen en de vrijwilligers nestelden zich zelfs in
het Park, zoodat alleen de paleizen met hunne onmiddelijke
omgeving in handen der troepen bleven. Ook nu eindigde
de strijd dien Zondag met een feitelijken wapenstilstand
maar in den voornacht besloot prins Frederik, nog voordat
Weimar was aangekomen, tot den terugtocht en deed het
Park ontruimen. Toen in den morgen de vrijwilligers

[1] i.e. D'Hoogvorst, Rogier and Jolly.

opnieuw het vuur openden, bleek het Park verlaten en weldra prijkte de brabantsche vlag op de koninklijke paleizen.

Pieter Nieuwland.

The following two poems are by Pieter Nieuwland, a man of humble origin who died in 1794 at the age of thirty. On a lower plane of excellence he compares in his own language with Chénier or Cowper, as foreshadowing in the old forms and diction the coming of Romanticism. His longer poem *Orion* has been translated into English.

Het Duifje van Anakreon.

Van waar[1] gij, lief duifje?
　　Van waar zoo vlugt[2]?
De geur van uw wiekjes
　　Bewijrookt de lucht.
Wie schonk u dien balsem?
　　Wie ziet ge? waarheen?....

Anakreon zendt mij
　　Naar zijne Chimeen',
Die thans alle harten
　　Beheerscht door haar schoon.
Anakreon heeft mij
　　Gekocht van Dioon';
Hij gaf haar een liedje,
　　En kreeg mij ten loon.
Nu dien ik mijn' meester,
　　En heb hem zoo lief!
Gij ziet, ik bezorg nu
　　Voor hem dezen brief.

---

[1] Understand *komt*.　　　　[2] Poetic licence for *vlug*.

Dan laat ik, dus sprak hij,
   Wel spoedig u vrij;
Doch, schoon hij mij losliet,
   Toch bleef ik hem bij.
Waarom zou ik zwerven
   Door 't veld in 't woud?
En eten in 't wilde?
   En schuilen in 't hout?
Neen! liever bewoon ik
   Anakreons schoot,
En pik uit zijn vingers
   De kruimeltjes brood.
En lep uit zijn' beker
   Verkwikkenden drank.
Dan spring ik en klapwiek
   Uit vroolijken dank,
En sprei om zijn schedel
   Mijn vleugeltjes uit,
En, wil ik gaan slapen,
   Ik rust op zijn luit.
Nu weet gij het alles,
   't Is tijd om te gaan.
Geen raaf zou meer klappen,
   Dan ik heb gedaan!

Aan Maria L....

Schoon is de roos, waarmeê ge uw boezem siert[1],
   Doch kort haar bloei! Ter nauwernood ontloken,
   Verwelkt zij ras, van haren steel gebroken,
Of wordt, door zon en wind, ontbladerd en verstrooid

---

[1] No doubt an oversight, for *tooit*.

Bestending lacht, en met volmaakter schoon,
   De lieve roos, die we op uw kaak zien blozen,
   Een storm verniele[1] in veld of boschen rozen,
Zijn woede deert geen bloem op zachte maagdenkoon.

Doch ook die bloem heeft eens haar herfst te duchten ;
Frisch is haar blos in 's Levensochtend luchten,
   Dof is die blos en flauw, door de avondzon bestraald.
Maar geen geweld van 's Levens winterstormen
Kan ooit de roos van hart en geest misvormen,
   Waarmeê gij, o Marie, in al uw luister praalt.

EDUARD DOUWES DEKKER (1820—1887).

Better known as '.Multatuli'—the pseudonym adopted by this
highly-strung personage ('a mass of contradictions') to proclaim
the trials he had had to bear. A native of Amsterdam he was
for some years a Government official in the Dutch East Indies ;
on his summary dismissal he wandered about Europe living in
penury, a victim to neurotic affections ; removing to Wiesbaden he
died at Nieder-Ingelheim on the Rhine. His juvenile productions
in verse are of no great account ; in later years he put forth a
number of works (*Ideen, Vorstenschool, Woutertje Pietersen, Duizend-en-
eenige hoofdstukken over Specialiteiten,* etc.) which, of unequal merit,
display forcefulness, fierce hatred of convention, and a passionate
if sometimes intemperate love of truth. They did not, however,
fulfil the rich promise of the book on which his fame rests (*Max
Havelaar,* publ. 1860), while the applause which deservedly greeted
it perhaps confirmed him in an exaggerated estimate of his own
attainments and gifts. He is nevertheless an outstanding figure in
that he brought freshness and life into the literary atmosphere of
his day. In the work in question his own portrait is so idealized
that he plays a double rôle ; the 'Sjaalman' who castigates the
'Droogstoppels' he is also the 'Max Havelaar' who takes sides
with exploited Javanese. The tale, in short, hinges on the circum-

[1] May destroy...but (subj.).

stances which eventuated in his enforced retirement from a service in which (according to the then Governor-General) he was not only actuated by creditable motives but had been favourably mentioned in reports.

It will be noted that Dekker uses the old-fashioned spelling *y* for *ij*.

From *Max Havelaar*.

Toen ik[1] een dag daarna van de beurs kwam, zei Frits dat er iemand geweest was om my te spreken. Naar de beschryving was het de Sjaalman[2]. Hoe hy me gevonden had...nu ja, 't adreskaartje. Ik dacht er over, myn kinderen van school te nemen want het is lastig, nog twintig, dertig jaren later te worden nagezeten door een schoolkameraad die een sjaal draagt in plaats van een jas, en die niet weet hoe laat het is[3]. Ook heb ik Frits verboden naar de Westermarkt te gaan, als er kramen staan.

Den volgenden dag ontving ik een brief met een groot pak. Ik zal u den brief laten lezen :

Waarde Droogstoppel !

Ik vind dat hy wel had kunnen zeggen : 'Weledele Heer Droogstoppel[4], omdat ik makelaar ben.

Ik ben gisteren ten-uwent geweest met het doel u een verzoek te doen. Ik geloof dat gy in goede omstandigheden verkeert....

[1] Scil. Droogstoppel, a money-grubbing and withal sanctimonious coffee-broker. Frits is his son.

[2] Sjaalman (shawl-man) is an old school-fellow whom Droogstoppel has tried to ' cut,' and who, in indigent circumstances, hides his meagre clothing with a shawl.

[3] What o'clock it is.

[4]–[4] *Weledel*, honourable ; a polite form of address, where we should write Dear Sir.

Dit is waar: we zyn ¹met ons dertienen¹ op 't kantoor.

...en ik wenschte gebruik te maken van uw krediet, om een zaak tot-stand te brengen, die voor my van groot gewicht is.

Zou men niet denken dat het om een order op de voorjaarsveiling te doen was?

Door velerlei omstandigheden ben ik op 't oogenblik eenigszins om geld verlegen.

Eenigszins! Hy had geen hemd aan. Dat noemt hy *eenigszins!*

Ik kan myn lieve vrouw niet alles geven wat tot veraangenaming des levens noodig is, en ook de opvoeding myner kinderen is, uit een geldelyk oogpunt, niet zooals ik wenschen zou.

Veraangenaming des levens? Opvoeding van de kinderen?

Meent ge dat hy voor zyn vrouw een loge in de Opera huren wilde, en zyn kinderen op een instituut doen te Genève? 't Was najaar, en vry koud... welnu, hy woonde op een vliering, zonder vuur. Toen ik dien brief ontving, wist ik dit niet, maar later ben ik by hem geweest, en thans nog ben ik verstoord over den zotten toon van zyn geschryf. Wat drommel, wie arm is, kan zeggen dat hy arm is! Armen moeten er zyn, dit is noodig in de maatschappy, en 't is Gods wil. Als hy maar geen aalmoes vraagt, en niemand lastig valt, ²heb ik volstrekt niet tegen dat hy arm is², maar de opsiering van de zaak ³komt niet te-pas³. Luister verder:

¹⁻¹ Thirteen of us.   ²⁻² I don't object at all to his being poor.
³⁻³ Won't do.

Daar op my de verplichting rust, in de behoeften
der mynen te voorzien, heb ik besloten een talent
aantewenden[1], dat, naar myn geloof, my gegeven is.
Ik ben dichter....

Poeh! Ge weet, lezer, hoe ik en alle verstandige
menschen daarover denken.

...en schryver. Sedert myn kindsheid drukte ik
myn aandoeningen in verzen uit, en ook later schreef
ik dagelyks neder wat er omging in myn ziel. Ik
geloof dat er onder dat alles eenige opstellen zyn, die
waarde hebben, en ik zoek daarvoor een uitgever.
Maar dit is juist het moeielyke. Het publiek kent
my niet, en de uitgevers beoordeelen de werken meer
naar den gevestigden naam van den schryver, dan
naar den inhoud.

Juist als wy de koffi naar de renommee van de merken.
Wel zeker! Hoe anders?

Als ik dus mag aannemen dat myn werk niet geheel
zonder verdienste is, zou dat toch eerst naar de uitgave blyken, en de boekhandelaars vragen de betaling
van drukloon enz. vooruit....

Daar hebben ze groot gelyk in.

...wat my op dit oogenblik niet gelegen komt.
Daar ik evenwel overtuigd ben dat myn arbeid de
kosten dekken zou, en gerust daarop myn woord durf
verpanden, ben ik, aangemoedigd door onze ontmoeting van voorgisteren....

Dat noemt hy aanmoedigen!

...tot het besluit gekomen u te vragen of ge voor
my by een boekhandelaar zoudt willen borg staan

[1] Present-day usage would have: *aan te wenden.*

voor de kosten eener eerste uitgave, al ware het
slechts voor een klein boekdeeltje. Ik laat de keus
van die eerste proeve geheel aan u over. In het pak
dat hiernevens gaat, zult ge vele handschriften vinden,
en daaruit zien dat ik veel gedacht, gewerkt en by-
gewoond heb....

Ik heb nooit gehoord [1]dat hy zaken deed[1].

...en als de gaaf van wel zeggen my niet geheel-
en-al ontbreekt, is het gewis niet door gebrek aan
indrukken dat ik niet slagen zou.

In afwachting van een vriendelyk antwoord, noem
ik my uw ouden schoolmakker....

En zyn naam stond er onder. Maar dien verzwyg ik,
omdat ik er niet van houd, iemand in opspraak te brengen.

Waarde lezer, ge begrypt [2]hoe gek ik stond te kyken[2],
toen men my daar zoo op-eens wilde verheffen tot makelaar
in verzen. Ik ben zeker dat de Sjaalman—zoo zal ik hem
maar blyven noemen—als de man my by-dag had gezien,
zich met zulk een verzoek niet tot my zou gewend hebben.
Want deftigheid en fatsoen laten zich niet verbergen.
Maar 't was avend, en ik trek het me dus niet aan.

Het spreekt vanzelf dat ik van de gekheid niets weten
wilde. Ik zou het pak door Frits hebben laten terug-
brengen, maar ik wist zyn adres niet, en hy liet niets van
zich hooren. Ik dacht dat hy ziek was, of dood, of zoo-iets.

＊   ＊   ＊   ＊   ＊   ＊

Ga nu heen, Max, zei Havelaar, papa heeft iets aan die
heeren te zeggen[3].

[1-1] That he was a business man.   [2-2] How utterly astonished I was.
[3] The speaker is now Max Havelaar, who is about to address the
rative chiefs.

De kleine liep weg nadat hy met kushandjes gegroet had.

Hierop ging Havelaar aldus voort:

—Hoofden van Lebak! Wy allen staan in dienst des Konings van Nederland. Maar Hy, die rechtvaardig is, en wil dat wy onzen plicht doen, is vèr van hier. Dertig-maal duizend maal duizend zielen, ja meer dan zooveel, zyn gehouden zyn bevelen te gehoorzamen, maar hy kan niet wezen naby allen die afhangen van zynen wil.

De Groote-Heer te Buitenzorg[1] is rechtvaardig, en wil dat ieder zyn plicht doe. Maar ook deze, machtig als hy is, en gebiedende over al wat gezag heeft in de steden en over allen die in de dorpen de oudsten zyn, en beschik-kende over de macht des legers en over de schepen die op de zee varen, ook hy kan niet zien waar onrecht gepleegd is, want het onrecht blyft verre van hem.

En de resident te Serang, die heer is over de landstreek Bantam, waar vyf-maal-honderd duizend menschen wonen, wil dat er recht geschiede in zyn gebied, en dat er recht-vaardigheid heersche in de landschappen die hem gehoor-zamen. Doch waar onrecht is, woont hy verre. En wie boosheid doet, verschuilt zich voor zyn aangezicht omdat hy straffe vreest.

En de heer Adhipatti, die Regent is van Zuid-Bantam, wil dat ieder leve die het goede betracht, en dat er geen schande zy over de landstreek die zyn regentschap is.

En ik, die gister den Almachtigen God tot getuige nam dat ik rechtvaardig zou zyn en goedertieren, dat ik recht zou doen zonder vrees en zonder haat, dat ik zal zyn: 'een goed adsistent-resident'...ook ik wensch te doen wat myn plicht is.

---

[1] sc. the Governor-General at his official residence.

Hoofden van Lebak! Dit wenschen wy allen!

Maar als er soms onder ons mochten zyn, die hun plicht verwaarloozen voor gewin, die het recht verkoopen voor geld, of die den buffel van den armen nemen, en de vruchten die behooren aan wie honger hebben...wie zal ze straffen?

Als een van u het wist, hy zou 't beletten. En de Regent zou niet dulden dat zoo-iets geschiedde in zyn regentschap. En ook ik zal het tegengaan waar ik kan. Maar als noch gy, noch Adhipatti, noch ik het wisten....

Hoofden van Lebak! Wie zal dan recht doen in Bantan-Kidoel?

Hoort naar my, als ik u zeggen zal hoe er dan recht zal gedaan worden.

Er komt een tyd dat onze vrouwen en kinderen schreien zullen by het gereedmaken van ons doodskleed, en de voorbyganger zal zeggen, 'daar is een mensch gestorven.' Dan zal wie aankomt in de dorpen, tyding brengen van den dood desgenen die gestorven is, en wie hem herbergt, zal vragen: 'wie was de man die gestorven is?' En men zal zeggen:

'Hy was goed en rechtvaardig. Hy sprak recht en verstootte den klager niet van zyn deur. Hy hoorde geduldig aan wie tot hem kwam, en gaf weder wat ontnomen was. En wie den ploeg niet dryven kon door den grond omdat de buffel uit den stal was gehaald, hielp hy zoeken naar den buffel. En waar de dochter was geroofd uit het huis der moeder, zocht hy den dief en bracht de dochter weder. En waar men gearbeid had, onthield hy het loon niet, en hy ontnam de vruchten niet aan wie den boom geplant hadden, en hy kleedde zich niet met het

kleed dat anderen dekken moest, noch voedde zich met
voedsel dat den arme behoorde.'

Dan zal men zeggen in de dorpen: 'Allah is groot,
Allah heeft hem tot zich genomen. Zyn wil geschiede...er
is een goed mensch gestorven.'

Doch andermaal zal de voorbyganger stilstaan voor een
huis, en vragen, 'wat is dit, dat de gamlang[1] zwygt, en
het gezang der meisjes?' En wederom zal men zeggen:
'er is een man gestorven.'

En wie rondreist in de dorpen, zal 's avends zitten by
zyn gastheer, en om hem heen de zonen en dochteren van
het huis, en de kinderen van wie het dorp bewonen, en hy
zal zeggen:

'Daar stierf een man die beloofde rechtvaardig te zyn,
en hy verkocht het recht aan wie hem geld gaf. Hy mestte
zyn akker met het zweet van den arbeider dien hy had
afgeroepen van den akker des arbeids[2]. Hy onthield den
werkman zyn loon, en voedde zich met het voedsel van
den arme. Hy is ryk geworden van de armoede der
anderen. Hy had veel gouds en zilvers en edele steenen
in menigte, doch de landbouwer die in de nabuurschap
woont wist den honger niet te stillen van zyn kind. Hy
glimlachte als een gelukkig mensch, maar er was gekners
tusschen de tanden van den klager die recht zocht. Er
was tevredenheid op zyn gelaat, maar er was geen zog in
de borsten der moeders die zoogden.'

Dan zullen de bewoners der dorpen zeggen: 'Allah is
groot...wy vloeken niemand.'

Hoofden van Lebak, eens sterven wy allen!

Wat zal er gezegd worden in de dorpen waar wy gezag

---

[1] A musical instrument.
[2] The meaning is: taken away from labouring on his own land.

hadden? En wat door de voorbygangers die de begrafenis
aanschouwen?

En wat zullen wy antwoorden, als er na onzen dood een
stem spreekt tot onze ziel, en vraagt: ' waarom is er geween
in de velden, en waarom verbergen zich de jongelingen?
Wie nam den oogst uit de schuren, en uit de stallen den
buffel die het veld ploegen zou? Wat hebt gy gedaan
met den broeder dien ik u gaf te bewaken? Waarom is
de arme treurig en vloekt de vruchtbaarheid zyner vrouw?'

Hier hield Havelaar weder op, en na eenig zwygen ging
hy voort op den eenvoudigsten toon van de wereld, en als
had er volstrekt niets plaats gehad dat indruk maken
moest:

— Ik wenschte gaarne in goede verstandhouding met u
te leven, en daarom verzoek ik u my te beschouwen als
een vriend. Wie gedwaald mocht hebben, kan op een
zacht oordeel van myne zyde staat maken, want daar
ikzelf zoo menig keer dwaal, zal ik niet streng zyn...niet
althans in de gewone dienstvergrypen of nalatigheden.
Alleen waar nalatigheid zou worden tot gewoonte, zal ik
die tegengaan. Over misslagen van groveren aard...over
knevelary en onderdrukking, spreek ik niet. Zoo-iets zal
niet voorkomen, niet waar, m'nheer de Adhipatti?

*   *   *   *   *   *

Hoofden van Bantan-Kidoel! Ik heb gezegd. Gy kunt
terugkeeren, ieder naar zyne woning. Ik groet u allen
zeer!

Hy boog, bood den ouden Regent den arm, en geleidde
hem over het erf naar 't woonhuis, waar Tine[1] hem stond
te wachten in de voorgalery.

[1] Havelaar's wife.

JACOB VAN LENNEP[1].

From *De Werken van Vondel in verband gebracht
met zijn leven.*

In ditzelfde jaar [2]verbond Vondel zich in den echt[2], en
wel, even als zijn vader gedaan had, met een jonge dochter
van gelijke herkomst als hij. Te Amsterdam had zich
namelijk een Keulenaar nedergezet, die, gelijk Vondel, van
Brabantschen oorsprong, en mede der Doopsgezinde leer
was toegedaan. De naam diens Keulenaars was Hans de
Wolff, en hij dreef handel in passementen en linten, voor-
werpen, toen even onontbeerlijk by de kleeding des mans
als bij die der vrouwen, en wier verkoop alzoo goede
winsten kon opleveren. Geen wonder, dat de gemeenzame
omgang tusschen twee huisgezinnen, die waarschijnlijk
elkander te Keulen reeds gekend hadden, te Amsterdam
onderhouden was geworden en aldra aanleiding had gegeven tot onderlinge, meer nauwe verbindenis. De zoon
van de Wolff, in 1574 te Keulen geboren en, even als zijn
vader, Hans geheeten, had, na het overlijden van Neeltjen
Cornelisz, zijn eerste huisvrouw, in 1607 een tweede huwelijk aangegaan met Vondels oudste zuster Klemensken,
en nu werd, na drie jaren en wel op den 20 November
1610, de band, die tusschen de beide familiën bestond, nog
vaster aangehaald door het huwelijk van onzen dichter
met de zuster van zijn zwager, Maaiken (of Maria) de
Wolff, die toen haar vier-en-twintigste jaar bereikt had,
en alzoo een jaar ouder was dan haar echtgenoot. Dit kon
echter niet schaden: in tegendeel, Vondel zoû in het
bestier zijner huislijke zaken en winkelnering slecht te
pas zijn gekomen, indien hij een al te jonge en onervaren

[1] Cf. p. 42. [2] *Zich in den echt verbinden* = to marry.

wederhelft getroffen had. Ik zeg, zijn winkelnering; want hij deed nu zijn eigen zaken. Zijn vader was (het is ons onbekend op welken tijd) overleden, en Vondel had zijn kousenwinkel, in de Warmoesstraat[1], overgenomen. Maar hij bekommerde zich minder met de negotie dan met de poëzij, het koopen en verkoopen aan zijn huisvrouw over-latende. Gelukkig was Maaiken kloek van verstand en een bekwame huishoudster. Zij getroostte zich gereedelijk de taak te verrichten, die haar man verzuimde, en liet van hare zijde hem vrij, zich aan zijn liefhebberij over te geven. Hij zette zich dan ook met nieuwen ijver aan het dichten, en het gevolg daarvan was, dat hij eerlang zijn eerste Treurspel voortbracht, het *Pascha* namelijk, 't welk door zijn Broederen van de Brabantsche Kamer de Laven-delbloem[2] openlijk voor den Volke gespeeld werd.

*   *   *   *   *   *

Vondel, nu sedert jaren te Amsterdam gevestigd, had er den kring zijner bekenden meer en meer uitgebreid. Behalve van de Brabantsche Kamer, was hij ook Lid geworden van de Oude Kamer, en, al moge hij aan dat Lidmaatschap hebben vaarwel gezegd, hij had daarom geen vaarwel gezegd aan de betrekking, daar aangeknoopt, niet alleen met de schranderste vernuften, die Amsterdam bezat, maar ook met mannen van achtbaarheid en gezag; en velen onder hen hadden den vrijen toegang tot hun huis voor hem opengesteld. Dit gemeenzaam verkeer tusschen aanzienlijke en machtige mederegeerders van Hollands voornaamste koopstad en den eenvoudigen kousewinkelier zal aan velen mijner Leezers vreemd toeschijnen. Maar de kloof, die weinige jaren later de

---

[1] A street in Amsterdam.

[2] One of the Chambers of Rhetoric.

verschillende standen zoo wijd van elkander scheidde, was
nog nauwlijks merkbaar in den tijd, toen Vondel zich als
schrijver begon te doen kennen......Wel is waar, Vondel
was geen poorter: noch door geboorte noch door aankoop
bezat hij het burgerrecht: en, hij mocht al een aantal
jaren binnen Amsterdam gewoond hebben, hij bleef behooren tot die vreemdelingen, op wie de Amsterdammer
pur sang, en hoe veel te meer de Oude Geus, ¹uit de
hoogte nederzag¹. Rijkdom bezat hij evenmin, en feesten
of maaltijden kon hij niet geven om zich daarmede
vrienden te verwerven. Maar hij was dichter: het tijdvak,
waarin hij opgang begon te maken, was dat, waarin de
jeugdige, zich in alle richtingen ontwikkelende Natie
behoefte naar poëzij, naar letterkundigen roem begon te
gevoelen, en waarin zij, ²die door hun maatschappelijken
toestand en aanleg beide zich geroepen konden achten² om
als voorstanders en bevorderaars der beschaving op te
treden, het als hun plicht beschouwden, den jeugdigen
kunstenaar aan te moedigen.

Elisabeth Wolff (1738—1804) and Agatha Deken (1741—1804).

The former (maiden name Bekker) was born at Flushing; her intel-
lectual development was rapid and her studies ranged over a wide
field; in her 21st year she married a clergyman (Adriaan Wolff) some
30 years her senior, but still pursued her literary bent; the latter,
a native of Amsterdam, passed from an orphanage to act as companion to the daughter of the Bosch family; her acquaintance with

¹⁻¹ Looked down from his pinnacle.
²⁻² Who both by their social position and inclination could consider
themselves called.

Elisabeth Wolff—which began in 1776—soon led to mutual attach-
ment, and for upwards of a quarter of a century (Elisabeth was widowed
in 1777) the two women lived together in a companionship which
was singularly close ; exiles for seven years in France, they returned
to Holland considerably straitened in means. They were scarcely
divided in their deaths. The brilliant gifts of 'Betje' Wolff—displayed in journalistic contributions and in her poem *Walcheren*—
had brought her to the front in early life ; 'Aagje' Deken, less
talented and more serious in turn of mind, had but shared with
Maria Bosch in the production of some devotional verse ; their
literary immortality was gained as joint authors of romances in the
form of letters which, modelled after Richardson and flavoured with
sentimentality, are nevertheless thoroughly national in character,
sparkle with originality, and depict with humorous insight the
middle-class society of the Holland of their day. Thus in particular
with their *Sara Burgerhart* (1782)[1] and *Willem Levend* (1784-5) ; if
this last tells of ripened talent, its predecessor is in any case a
masterly work, a 'live' book throughout. In their subsequent
writings (*Abraham Blankaart, Wandeling door Bourgogne, Cornelia
Wildschut*) they shew some falling off.

From the *Historie van Mejuffrouw Sara Burgerhart*[2].

Ge-ëerde Heer, zeer waarde Voogd ![3]

De steen is geworpen[4]; ik ben 't ontvlucht, en acht
het plichtmatig u alles te melden. Gisteren-namiddag ben
ik hier in mijn nieuw logement gearriveerd : ik zal alles
vertellen.

Ik twijfel dikwijls, of Tante mij deze laatste weken

---

[1] It is amusing to read on the title-page : ' niet vertaald ' (' not a translation ') ; as if Betje and Aagje judged it expedient to anticipate a charge
of wholesale plagiarism.

[2] From the edition, published 1915, in the ' Wereld Bibliotheek ' series,
in modernized spelling and construction.

[3] Elfde Brief. Mejuffrouw Sara Burgerhart aan den heer Abraham
Blankaart (her guardian).

[4] the die is cast.

niet zóó geplaagt heeft, om mij dezen stap te eerder te
doen verrichten[1]. Het volgende deed mij nog te eerder
tot een besluit komen. Ik ontmoette in een franschen
winkel, waar ik een paar handschoenen kocht, een mijner
schoolvriendinnetjes, zekere Letje Brunier. De vader van
het lieve meisje was de Heer Philips Brunier, geen
ongeacht commissionaris op Duitschland en Italië. Ik leg
haren brief aan mij, ook die der weduwe, bij wie zij logeert,
hier in[2], op dat gij zoudt weten wat er mij van bekend is.
Nu de vertelling.

Gisterenmiddag ging tante uit eten. Ik kleedde mij
aan, stak wat linnen bij mij[3], ook mijne juweelen, die ik
van u gekregen heb vóór gij naar Frankrijk ging, doch die
ik nooit heb aan gehad, met een weinig gelds (want zij
geeft mij niets,—geen duit). Brecht[4] had de stoutheid
mij te vragen, 'waar ga jij heen?'—'Dat raakt jou niet[5].'
—'Dan zal je ook in huis blijven.' 'Heb jij 't hart, en belet
mij dat eens[6].' Ik kan wel boos worden, maar niet kijven;
en ziende dat Brecht haar talent te werk stelde, bedacht
ik mij : 'Brecht,' zei ik, 'heeft tante je de orders gegeven,
dan moet ik haar de reden vragen als zij t' huis komt;
wat zullen wij eten?'—'Kliekjes[7],' zei zij.—'Goed; ik heb
honger; maar wij zullen tantes gezondheid eens drinken ;
toe meid[8], haal eens een flesch wijn, jij hebt zeker den
sleutel.'—'Ik doe[9] niet, Juffrouw Saartje!' (nu ik van
putten[10] sprak, kreeg ik aanstonds dezen titel!) 'Jij jokt,

[1] To make me take this step the sooner.
[2] 'Ik leg...hier in,' I enclose.
[3] put up some linen.   [4] Brecht is the maid.
[5] That's no concern of yours.
[6] Just you have the face to stop me !
[7] Scraps, leavings.   [8] Now then, girl.   [9] For *heb.*
[10] Lit. to draw water ; here : 'now that I suggested a drink.'

Brecht; als tante er van spreekt, zal ik haar den wijn betalen.'—'Je tante heeft altoos den sleutel; maar als juffrouw mij niet beklappen zou, ik kan er toch wel bij.'—'Ik je beklappen! wel, dan moest ik wel gek zijn; krijg maar, toe, schielijk.' Zij ging. Ik had al lang bemerkt, dat zuster Brechtje aan de fep[1] was; ik tastte haar dus van de zwakke zijde aan. Doch pasjes was zij in den kelder, of ik, flink de deur in slot, en de grendels er op. Toen ging ik het huis uit, en haalde de huisdeur achter mij toe. Hoe het verder met de zuster gegaan is, weet ik niet.

Ik heb op tantes tafeltje een kaartje laten liggen, omdat zij niet ongerust zijn zoude. Zij heeft mij schrikkelijk geplaagd: mogelijk zal zij zich dit herinneren: en wat hoef ik haar te kwellen, nu ik uit hare macht ben: is 't niet waar, mijnheer!

Wat verlang ik naar een brief van u! De muziek heb ik ontvangen. O wat zijt gij een goed man! Kon ik u mondeling zeggen, hoezeer ik u acht, en hoe gelukkig ik mij reken van te zijn mijnheer,

Uwe ootmoedige Dienaresse en Pupil,

SARA BURGERHART.

P.S. Mijn adres zal ik hier ook bijvoegen.

JUSTUS VAN EFFEN (1684—1735).

Born at Utrecht. Tutor to young men of good family; while so engaged took his degree at Leiden; having friends in aristocratic circles he obtained diplomatic posts which took him once to Sweden (1721) and twice (1715 and 1727) to England, where he became personally acquainted with Newton, Pope, and Swift; his closing

---

[1] A bit of a tippler.

years were spent in Government employ at Den Bosch. His first
literary productions were in French, the language then favoured in
polite society ; his writings (as editor of or contributor to *Le Misan-
thrope*, *Le Journal Littéraire de la Haye*, *La Bagatelle*, and *Le nouveau
spectateur français*) are moralizing in tone, cosmopolitan in range of
subject, and not devoid of wit. A far higher level was reached by
him after coming under the influence of English men of letters ;
discarding French for the vernacular and cultivating a style direct,
simple, natural, free from the artificialities which disfigured then
current literature, he did much to regenerate his native language ;
his *Thysbuurs os* and *Agrietjes* (a small novel) testify that he could
wield a terse and graphic pen. But the work which chiefly made his
name live is *De Hollandsche Spectator*, a weekly publication which,
running for some four years (1731—1735), might almost be placed
in the same category with the pages of Addison and Steele.

The chief differences between eighteenth century spelling (preserved in this extract) and that of to-day, in addition to the
substitution of *y* for *ij*, are these : *t* often takes the place of *d*, *g* of
ch, a single vowel of a doubled one (and *vice-versa*), a consonant is
occasionally inserted, e.g. *eigentlyk* for *eigenlijk*. It will also be noted
that capital letters are used much as in eighteenth-century English.

From *De Hollandsche Spectator* (21 Jan. 1732).
Ware en valsche beschaving.

Wanneer ik myn werk heb gemaakt van de ware ver-
diensten myner Medeburgeren op te helderen, en tegens
valsche en onrechtvaardige denkbeelden te handhaven,
heb ik voorbedachtelyk onbeantwoord gelaten de beschuldiging van boersheid, en onbeschaaftheid, die door verscheidene Natien tegen ons word ingebracht, en de welke
ik durf staande houden dat de naam van *ongemaniertheid*
aanwryft aan eene hoedanigheid, die in haar natuur niets
anders is als eene mannelyke eenvoudigheid. Om de waarheid van deze stelling in zyn volle licht te plaatzen, zal het
nodig zyn 't rechte wezen der *beschaaftheid* uit den boezem

der Reden zelve voor den dag te brengen, en ydele harssen-
schimmen, door klare denkbeelden te doen verdwynen. Wie
weet niet, dat door de kracht van de gewoonte, 't geen[1]
voor beschaaft in 't eene land doorgaat, in 't ander als
ongemaniert word angezien, en dat ieder Volk hetzelve
recht heeft, om de gewoonte van zyne landaard, boven die
van andere Volkeren te achten. Waarom mag een Persiaan
of een Chinees niet zo wel zeggen : *dit of dat is beschaaft,
want dusdanig is het gebruik te Ispahan, of te Peking,* als
het een Franschman geoorlooft[2] is te beweeren, *dat deze of
geene behandeling wellevend is, om dat ze te Parys voor
wellevend word gehouden.* Wat mogelyk voorrecht doch
heeft in dit geval de eene Natie boven de andere ? Indien
men de twist wil beslissen, men zal 't jok van gewoonte
moeten afschudden, en tot eene andere bronader van
onderzoek en oordeel zyn toevlugt nemen. Niets kan goed
of beter als iets anders genoemd worden, of daar moet een
bondig bewys van de hoedanigheid in de natuur van de
zaak zelve opgesloten zyn. 't Is derhalven voor de vierschaar der Reden alleen, dat onze twist met vreemde
Volkeren omtrent de beschaaftheid kan worden beslist ;
't is de Reden door dewelke wy wegens den aard en eigen-
schappen van dat beminnelyk voorwerp kunnen onderrigt
worden. Indien wy met de Reden willen raadplegen, zy
zal ons duidelyk doen zien, dat 'er eene wezentlyke
algemeene beschaafdheid is, die overal, daar menschen en
redelykheid gevonden worden, plaats kan hebben. De
ware bron van die lieffelyke deugd is een uitgestrekte en
wezentlyke goedaardigheid, die ons achting en liefde voor
onze evenmensch doet hebben, ons alle mogelyke inschikkendheid voor hem inboezemt, ons niet alleen aanzet

[1] which.   [2] The modern Dutch verb is *veroorloven.*

om hem alle diensten, die van ons vermogen afhangen, te
bewyzen, maar ook om die diensten met behaaglykheid te
bekleden, en om ons in alles, zo ver het met reden en
oprechtigheid kan overeengebracht worden, naar deszelfs
gewoontens, gevoelens, en neigingen te schikken. Het pit
en merg van de zaak is eigentlyk in de ziel zelfs, en 't
geen wy met recht eene algemeene, redelyke en ware
beschaaftheid kunnen noemen, is niets anders als eene
verstandige, en wel bestierde uitdrukking van dien inwendige zielsgestalte. Op die voet is een Veenboer, die de
uitdrukking van zyne natuurlyke en met verstant gepaarde
goedaardigheid naar de zeden, neigingen, en verscheidene
humeuren van zyne mede-Dorpelingen weet te vleijen,
even zo beschaaft en wellevend als een Fransch Hofjonker,
die de zelfde inwendige gestalte van 't gemoed uitwendig-
lyk tracht te verbeelden. 't Is wel waar, dat die hupsche
Landman niet groet, buigt, en den hoed onder den arm
vat, als wel opgevoede Steeluiden, maar die uitterlyke
bewegingen zyn in haar natuur gansch onverschillig, en
van de gewoonte alleen afhankelyk, hebben ze met de
reden niets te doen. Dat een Boer, zo lang hy met zyns
gelyk omgaat zo niet groet met woorden en gebaarden als
een Edelman, is alzo weinig onbeschaaft als dat een Turk
in 't groeten zyn Tulband niet afneemt. Doch is hy
genoodzaakt met Stedelingen te verkeeren, zo zal hy door
zyn inwendige hebbelykheid aangespoort worden, om dezelve met eene veranderde gevoeglykheid werkstellig te
maken. Dit is myns oordeels het recht en onderscheidende
denkbeeld van de ware beschaaftheid. Zy moet haar
grondslag hebben in 't gemoed zelve, en de palen daar
deugd en reden haar in besluiten, niet te buiten gaan.
Dat myne *beschryving* niet valsch kan zyn, blykt uit het

algemeen gevoelen van alle menschen, die deze hoedanigheid als goed, en loffelyk aanzien, hoewel weinige zich de
moeite geven van in hare ware natuur in te dringen.

* * * * * *

Eene zekere Natie, by de welke geheele verdienste
drayt om de twee spillen van geest en van beschaaftheid,
en daar gansch Europa haar voorraad van de valsche
schatten gaat opdoen, zal hem wegens de waarheid van
myn stelling ten overvloed overtuigen. Daar zal hy vinden
dat de gansche conversatie onder wellevende lieden eene
gedurige verwisseling van valsche munt is. Dat zelfs
Kruijers en Schoenlappers, wanneer ze *de eer hebben van
malkander te ontmoeten*, alle hunne welsprekentheid aanwenden om zich onderling met cierlyke complimenten te
behagen; zulks word by dat aardig volk de kinderen in de
pap te eeten gegeven. Indien een jong wicht gevraagd
word, of hy in deeze of gene *fraye Dame* geen zin heeft, en
hy daar op, volgens zyn gevoelen *neen* antwoord, zal hy
strengelyk gehekeld worden, om dat hy de beschaaftheid
niet gehad heeft van te liegen. Men maakt zich schuldig
an de grofste boersheid, indien men met een Vrouwsperzoon
spreekt, zonder haar iets aangenaams op te dissen. En wat
doch is dat aangenaams? altyd het zelfde, maar met verscheidene saucen toegemaakt; an alle, fray, leelik, geestig,
zot, wel of kwalyk opgevoed, moet gezegt worden, dat ze
verstandig, bevallig, en schoon zyn, en dat het onmogelyk
is haare aanlokkelykheden te wederstaan. Zo men voor
geen lompert wil doorgaan, is men verplicht een oud
afschuwelyk wyf, die door de verfkwast haar leelykheid
noch meer ophelderd, op de zelfde wyze de *kap te vullen*;
men moet bedrogen zyn door de glans van haar gekochte
schoonheid. Van ouderdom moet niet gerept worden, als

om de zelve toe te schryven aan vrouwen die twintig jaar
jonger zyn; maar over 't jeugdig wezen van die geen
daar men mee spreekt, moet men verbaast zyn, en haar
ten allerhoogste aanzien voor de zuster van haar kleindochter. Men denke niet dat die leugenachtige wellevendheid ten minste van mannen met mannen uitgesloten is,
geenzins, die smeeren malkander ook honing om de mond,
met al de kunst en behendigheid die ze in hun macht
hebben. Zo dra[1] men zich in een gesprek met een van
die beschaafde lieden inwikkeld, verkrygt men aanstonds,
al was men een vreemdeling, goede manieren, geest,
verstand en aangename swier[2], men kan daar staat op
maken. Tusschen Geletterden gaat de zelfde beleefde
verkwisting van loftuitingen in zwang: leest een Schryver
't een of 't ander Werk aan zyne goede Vrinden, zy vinden
't niet alleen goed, dat zoude een affront wezen; 't is
keurlyk, uitmuntend, 't kan niet missen, 't gemeen zal 'er
door verrukt en betoverd wezen, men moet noch geest, noch
smaak hebben, om van een ander gevoelen te zyn. Om
nochtans een bewys te geven van de oprechtigheid van
dat voordeelig oordeel; zo berispt men, doch met de
nederigste en omzichtigste uitdrukkingen, hier en daar een
woord, dat juist niet al te wel rymt, of dat misschien
gevoeglyk tegens een krachtiger zoude konnen verwisselt
worden. Dat is 't eenigste dat het grootste kiesheit in 't
geheele stuk zoude kunnen afkeuren. Hier mede gaat de
opgeblaze Schryver heen, om in andere gezelschappen zich
met nieuwe wind te overladen. Doch het gebeurt niet
zelden, dat, zo dra hy zyn rug heeft gekeert, de waarheid
zyn beurt krygt, en dat zyne wellevende Vrinden, niet min
aardige en spitsvinnige spotters, als afgerechte en kunstige

---

[1] Modern Dutch *zoodra*.   [2] =*zwier*.

vleijers, alle de krachten van hun vernuft inspannen, om
de lafheid en gebreken van het Werk, zo wel als de
belagchelyke[1] verwaande lichtgelovigheid van den Maker
op het boertigste[2] af te schilderen.

JAN TEN BRINK (1834—1901).

Studied theology ; after a short residence in India he returned
to Holland and engaged in tuition at the Hague ; thence he
removed to Leiden, where he filled the Chair of Literature. His
earlier productions reveal French influences ; some of his historical
novels (e.g. *De Bredero's, Jan Starter en zijn Wijf*) have decided
merit, and, although here and there characterized by superficiality,
his *Literarische Schetsen en Kritieken* (e.g. ' Hooft in Italië,' ' Vondel,'
' De tijdvakken der Nederlandsche Lettergeschiedenis,' 'Jong Holland
in 1881 ') have many excellences. An elaborate, and, in some degree,
penetrating, study of Gerbrand Adriaensen Bredero (1859—revised
and re-written 1887) is one of his best works. In another, well
worth reading, the text of the *Wellevenskunst* of Dirck Coornhert is
edited with an introduction, biography, and notes.

From *Gerbrand Adriaensz[oon] Bredero.*

In den jare 1611 stonden er op de Geldersche Kade bij
den Schreierstoren te Amsterdam nog vrij wat statiger
en aanzienlijker burgerwoningen, dan[3] men thans misschien
wel vermoeden zou. In het groote plan van aanbouw, voor
dat jaar ontworpen, was nog alleen maar de plaats aangewezen voor de nieuw op te richten Keizers- en Heeren-
grachten. De aanzienlijkste burgers waren toen nog
voor 't grootste deel in de Warmoesstraat, de Nes, den
Nieuwendijk of de Kalverstraat, en, als reeds werd op-
gemerkt, op de Geldersche Kade gevestigd.

[1] Modern Dutch *belachelijk.*   [2] In the most facetious manner.
[3] Middle class houses, a good deal more stately a d imposing than.

't Was een heerlijke Meiavond van datzelfde jaar, waarin
de neringrijke stad in omvang en pracht zoo aanmerkelijk
zou winnen, toen een jonkman in den frisschen bloei des
levens,—men zou hem nauwelijks vier en twintig jaren
hebben toegekend, als hij de helderblauwe, kalme, door-
dringende oogen had afgewend,—den klopper van een der
deftigste huizen op de Geldersche Kade aangreep.—De
fijne Kamerijksche kraag en manchetten, het buis van
zwart, deugdzaam laken, de lichtgrijze mantel, heel zijn
stemmig kostuum, zouden zijn voornemen om een bezoek
af te leggen, en misschien ook den stillen, in ernstig
gemijmer zich vermeienden geest, hebben kunnen verraden.

Misschien zult ge met hem willen binnentreden, als ge
verneemt, dat gij tot Roemer Visscher zijt en dat 'ille
Belgicus Martialis' hedenavond een paar kunstbroeders
en geestverwanten ten zijnent ontvangt.

't Was in den jare 1611 een uitstekend voorrecht die
gastvrije, smaakvolle huizing te mogen binnengaan, en
daarom kunnen wij er thans ook nog wel eenige minuten
toeven, al was 't alleen maar, om een vluchtig kijkje te
nemen, wie daar zoo al bijeen zijn.

De jonkman met den lichtgrijzen mantel is reeds lang
binnengetreden. De oude huisknecht heeft eene deur in
de gang geopend, en hem eerbiedig buigend doen ingaan.
In de huiskamer, tevens salon, vindt hij ditmaal drie
groepen van gasten en huisgenooten verzameld. Daar aan
't venster bij dat hooge, palissanderhouten kabinet, kwistig
en kunstig met veele ebbenhouten versiersels opgelegd,
vinden wij den gastheer[1] met twee oude, welgeliefde
vrienden. Op den leunstoel, welke 't verst van 't venster
is verwijderd, zit Roemer Visscher. Een glimlach van

[1] Viz. Roemer Visscher.

tevreden rust en welwillende vriendschap verheldert dat
opmerkelijk zes en zestig-jarige gelaat, terwijl de grij-
zende schedel tegen den hoogen, met levendig rood trijp
overtrokken rug van zijn stoel rust, om naar eene uit-
voerige mededeeling van zijn naast hem gezeten vriend te
luisteren. Wel worden de laatste stralen der Meizon door
de hooge trapgevels van de huizen der overzij niet geheel
afgesneden, maar toch is het licht, 't welk door de smaakvol
in lood gevatte, met een rand van rood en geel glas bevallig
omlijste ruitjes naar binnen valt, nog helder genoeg om
de trits aan het hooge kruisraam volkomen te onderscheiden. Mocht Roemer Visscher's gestalte de type van
den welgestelden Hollandschen koopman in 't laatst der
zestiende eeuw genoemd worden,—'het midden tusschen
het deftig en glad geschoren wezen der zeventiende-, en
het nog altijd ietwat ruig gelaat van den poorter der
vijftiende eeuw,' niet minder die van beide bij hem
geplaatste mannen.

Hij, die juist aan 't woord is, is de dichter van den daar
zoo welbekenden en veel geprezen, schoon nog niet door
den druk algemeen gemaakten, ' Hertspieghel.' Hij mist
des gastheers gulvroolijken oogopslag, maar boeit de aan-
dacht door de diepe groeven in wang en voorhoofd, die zijn
gelaat eene edele, indrukwekkende strengheid bijzetten.
Hij geeft zijnen vrienden verslag van zijn verblijf te
Alkmaar, en deelt hun mee, dat hij er den avond zijns
levens zoo rustig doenlijk[1] denkt te slijten.

De derde met de deftigheid van Spieghel en de heuschheid van Roemer Visscher op 't gelaat, is Burgemeester
Cornelis Pietersz. Hooft, die een oogenblik te voren had
verhaald, hoe zijn oudste zoon[2] de daar zoo hoog ge-

---

[1] As quietly as possible.   [2] Pieter Corneliszoon Hooft.

waardeerde dichter van de 'Granida,'—voor twee jaren
door 's Prinsen eervolle keus tot Drossaart van Muiden
benoemd,—reeds sinds eenige dagen met zijne welbeminde
Christina naar het Slot was vertrokken, om er den tweeden
zomer van hun gelukkigen echt door te brengen. Misschien
zouden we hem zijn wensch aan Spieghel nog hebben
kunnen hooren ontboezemen, om met hem de rust van het
stille Alkmaar te deelen, ware toen dan niet juist de jonkman met de kalme, helderblauwe oogen naar binnen
gekomen, om na een raschen, maar hartelijken groet met
de andere leden[1] van 't gezelschap te hebben gewisseld, de
hem toegestoken hand des vriendelijk glimlachenden
gastheers met warmte en innigen eerbied te aanvaarden....
En terwijl er nu eene snelle en bezielde woordenwisseling
over 't pas meegedeelde nieuws begint, laten wij Joost van
den Vondel bij 't drietal, daar de zon reeds geheel is
weggedoken en wij, eer de schemering 't ons onmogelijk
maakt, ook een blik aan de beide andere groepen wilden
wijden.

Voor de langwerpige eikenhouten tafel, onder een veel-
kleurig kleed met lange franje als verscholen, midden in
het vertrek, treffen we Roemer Visscher's twee oudste
dochters met een vroolijk schertsenden gast aan, bezig om
de fijn geslepen, lichtgroene roemers[2], wijd van kelk en
breed van voet, met geurigen Rhijnschen wijn te vullen...
En terwijl hij[3] zoo de levendige, donkere oogen naar Anna
Roemers wendt, die met kluchtig gemaakte deftigheid zijne
overijling bij 't inschenken van den keurig parelenden

[1] Plur. of *lid*.

[2] Lit. rummers ; the glasses specially appropriated to the vintages of
the Rhine. With a play on his name Roemer Visscher was known to his
intimates as ' de ronde Roemer.'

[3] Samuel Coster.

wijn berispt, of met de rechterhand in 't bruine, krullende
hair¹ Geertrui om verschooning vraagt, daar zijne slinker
in verwarring hare fijne vingertjes aanroerde; altijd is
het duidelijk op te merken, hoe ongemeen genoegelijk de
aanstaande stichter der 'eerste Duytsche Academie' tot
Roemer Visscher verkeert.

Intusschen heeft het paartje aan 't venster niet eens by
hun hartelijk lachen omgezien. Zij zijn in druk en ernstig
gesprek. Er is geen oogenblik twijfelens noodig om terstond te zien, dat die volschoone zeventienjarige², wier fijn,
wit handje op den bruinen kop eens slanken hazenwinds
rust, Maria Tesselschade, Roemer's jongste, talentrijke
dochter is......Hare figuur is rijzig, het nauwsluitende,
parelgrijze zijden kleed, van den opstaanden, netgeplooiden
kraag tot aan het einde der keurs met eene rij van sier-
lijke gouden knoopjes getooid, verraadt den weelderigen
vorm van arm en boezem. Behalve dezen, konde reeds de
frissche blos 'op 't Leli-witte vel der Maechdelijcke
Wanghen³' het volledig getuigen, dat Roemer's dochter
niet alleen 'in fraye exercitiën is opgetoogen⁴,' dat zij niet
alleen ervaren is 'in musyque, schilderen, in glas snijden,
of te graveren, referein maken, emblemata inventeren en
allerlei manufacturen van borduren⁵,' maar dat zij ook als
een krachtig Hollandsch meisje de oefening des lichaams
heeft ter harte genomen, ja zelfs 'goed swemmen kan⁶,'

¹ Modern spelling: *haar.*
² (Girl of) seventeen years old.
³ Modern spelling: *op 't Lelie-witte vel der maagdelijke wangen.*
⁴ Modern spelling: *in fraaie exercitiën is opgetogen.*
⁵ Modern spelling: *in musiek, schilderen, in glas snijden, te graveeren,
refreinen maken, emblemen inventeeren en allerlei manufacturen van bor-
duren.*
⁶ Modern spelling: *goed zwemmen kan.*

't geen zij met hare zusters 'sich geleert hebben in haers vaters tuyn, alwaer een grachte met water was, extra urbem[1].' De jongeling, die daar aan hare zijde met zooveel geestdrift, doch niet al te luide spreekt, kan zijne oogen niet van de schoone gestalte afwenden. Er is een licht van vroolijke opgewondenheid en innig genot over de bewegelijke trekken van zijn breed gelaat waar te nemen. Zijn oog tintelt van blijde verrukking, als het Tesselscha's blik ontmoet, en terwijl zij hem met opgewektheid over den indruk spreekt, dien ze voor wenige dagen bij het vertoonen zijner eerste tragicomedie: 'Rodd'rick ende Alphonsus,' op het tooneel der Oude Kamer ontving, buigt zich zijn hoofd in zoet gepeins, en kruisen zich zijne gespierde armen over 't donkerblauw fluweelen wambuis... De dichter van 'Rodd'rik ende Alphonsus' heeft met onbepaalde ingenomenheid naar 't oordeel zijner bevallige hoorderes geluisterd. Maar waarom trekt dat ernstig waas van diep weemoedige smart en van onuitsprekelijk teederen hartstocht over heel zijn wezen, als hij Roemer's jongste dochter mijmerend aanziet, terwijl ze tot hem spreekt?

Er is maar één antwoord op deze vraag.

En dat antwoord is: de liefde van Gerbrand Adriaensz. Bredero voor Maria Tesselschade Roemers.

LOUIS MARIE ANNE COUPERUS.

Born (1863) at the Hague and his boyhood spent in the Dutch East Indies, his education was resumed in Holland; he soon displayed an aptitude for literary and linguistic studies. His earliest productions were in the field of verse and attracted notice; his first novel (*Eline Vere*, 1889) proving a success he thenceforward turned

[1] Modern spelling: *zich geleert hebben in haars vaders tuin, alwaar een gracht met water was, extra urbem* [outside the town].

to prose, and works of fiction, together with short tales and sketches, have since come in large number from his unquestionably gifted pen. He can portray with equal facility modern society life at the Hague, Oriental conditions and the civilisations of antiquity. His novels have been translated into several languages.

From *Nice*[1].

Zij ligt, wit en weelderig, een witte stad van weelde, tegen hare heuvels aan, als een blanke sultane, en achter haar profileeren het Estérel-gebergte en de Maritieme Alpen, het eerste met breed gehouwen en zwaar weg gehakte kontoeren, de andere met molligere, golvende lijnen, en schijnen achter haar de blauwe en purpermauve schermen, waar tegen zij aanligt op hare bloemoverstrooide heuvelkussens, de groene palmen van hare losse haren steeds uitgeschud, als in een dolle belofte van wellust.

Zoo maakt zij, de witte stad, altijd op wie haar bezoekt en bewonderen komt, dien wulpschen indruk van een lachende, loom neêr liggende vrouw te zijn, die zich geeft. Er is in sommige steden iets manlijks, in andere iets onontkenbaar vrouwelijks en Nice is heel vrouwelijk, Nice is de vrouwelijke sultane-stad, die niets heeft te doen dan mooi te zijn, te glimlachen en toe te lonken, áán te lokken, droomstarende over hare blauwe zee, die tintelt van gouden pailletten en parelomzoomde golfjes, onder een diep transparanten hemel, waaruit overvloedig de zegen van den Zonnegod neêr over haar zinkt.

Zoo maakt zij, altijd, de witte stad, dien indruk van licht, lucht, zee, warmte, gloed, gloor, gezondheid en weelde

---

[1] A sketch which, contained in a volume entitled *De Zwaluwen neêr gestreken...*, is, as will be seen, penned with a view to 'Indische Vrienden.'

en genot en gemakkelijk genoegen aan te bieden aan wie
haar bezoeken komt; zoo maakt zij dien indruk van een héel
chique cocotte te zijn onder de Steden, of, zoo ge dit liever
wilt, een heel dure, maar superbe demi-mondaine te zijn,
éénig, de meest superbe, de mooiste, de duurste, de
schitterendste : een Bacchante onder de Steden, maar een
Bacchante meer tusschen bloemen dan tusschen druiven,
een Bacchante tusschen rozen, anjelieren en irissen, zelfs
in den winter, voorál in den winter, als in het Noorden
hare zusters en broeders, de andere steden, verkouden
huiveren[1] in regen en mist en sneeuw.

Zij is heel mooi, en zij ligt heel mooi tegen haar bloemoverstrooide heuvelkussens en ter weêrzijde liggen, heel
mooi, de andere Riviera-stadjes, hare kleinere zusters, en
rijen zich en schakelen zich als een gevolg bijna, haar ter
weêrzijde, hand aan hand, zoû men bijna zeggen, omdat
zij zoo dicht elkander beroeren. Zij zijn allen heel mooi,
mooie, witte stadjes, heel blank tegen de purpermauve en
blauwige bergschermen, en als overstrooid met bloemen :
kleinere bloemennymfen, die de groote Bacchante, Nice,
omringen. Zij zijn allen héél mooi...en toch, wie komt
van tropische gewesten en zóó veel daar ginds over haar
heeft gehoord en gelezen, baart zij teleurstelling, zij, de
groote zuster, en ook de anderen : de kleinere, blanke
zusjes....

Teleurstelling, die doet uitroepen : is dát nu de Riviera?
Is dát Nice ? Is dát de Route de la Corniche ? Is dát
Monte-Carlo ? Zijn dat Cannes en Villefranche en
Menton... ?

Hoe dikwijls, van Indische bloedverwanten en vrienden,
heb ik al niet die uitroepen, die klachten vól teleurstelling

[1] Get colds and shivers.

moeten aanhooren en zachtjes, voorzichtig, met vriend-
schappelijken takt en sympathiesch medebegrijpen moeten
weêrleggen.

Beste Indische broeders en zusters, beste Indische
vrienden, ge komt uit de overweldigende, overstelpende
oernatuur van de tropen. Jaren lang zijt ge, weinig
bewust, meestal onbewust, overstelpt en overweldigd geworden door een immense natuur, door een natuur van
immense lijnen en zwaar-volle eentonige kleuren : ge hebt
over uw hoofden gevoeld, drukkende, een opaque blauwe
koepel, als een dom van saffier, of beangstigend schitterende
starreluchten[1]; vóor uw blik hebt ge zien weg golven de
reuzenketens van vulkaan aan vulkaan geschakeld, en alles
wat óm u was, was immens, ééntonig van groen en van
blauw, majestueus en drukkend.......

Het element overweldigde u toch, knaagde aan uw gezondheid, sloopte uwe krachten...ge waart bleek en moê
en slap en nerveus. Maar ge bleeft toch vol energie; ge
berekende uw nog overige krachten, en hoe lange zij u
zouden duren om uit te dienen en uit te werken[2], en ge
berekende hoeveel meer ge nog sparen kondt...om eindelijk rijk, of rustig gepensioneerd, maar bleek en moê en
slap en nerveus, terug te keeren naar uw oorspronkelijk
moeder- en vaderland, naar Europa, naar Holland....

Maar het was Oktober, het was November, December
en het was winter......en ge meende beter te doen met
eerst naar de Riviera te gaan, om te wennen, naar de
mooie, zoo zeer geprezen Riviera, toch half nog tropiesch :
het azuren strand van overgang tusschen brandend Indië
en kil Holland.

[1] Starry skies.
[2] To complete your term of service and finish your work.

Ja, ge wilde eerst toch de Riviera zien en bewonderen,
ge wilde eerst Nice zien, de chique cocotte, de superbe
demi-mondaine onder de steden, u wel lonkende, u aan-
lokkende te mid van hare kleine zusterstadjes, allen blank
van witte villa's, groen van losse palmenharen en met
bloemen overstrooid, rozen, anjelier en iris....

En de stadjes, en de Stad zelve...zij waren voor u de
teleurstelling.

— Is dát Nice ? Is dát de Riviera ?

Zoo klonk uw minachtende, bittere en moede uitroep...
...En moê, bitter, minachtend, met een 'sneer' over de
Riviera en Nice, betrokt ge uw kamers in het een of
andere 'palace' en ge vondt de kamers klein, de zee,
waarover ge wrevelig uittuurde, saai, de palmpjes aan de
Promenade des Anglais verschroeide bezempjes...en het
heele landschap van den Estérel en de Maritieme Alpen
een paar onbeduidende molshoopjes...en niet meer.

Ik neem u uw 'sneer' niet kwalijk[1]. Ik begrijp uwe
moê bittere minachting en ik geloof, dat het niet anders
kón, dat uwe teleurstelling wel fataal was. Ik geloof, dat
ge, om de schoonheid van het Europeesche Zuiden—de
Riviera, Italië, Griekenland—te kúnnen zien en waardeeren
en genieten, heen moet door een kuur en een school[2]. Uw
lichaam moet weêr gezond, uw bloed rood, uw zinnen
moeten weêr krachtig worden, uw ziel weêr frisch en jong,
op nieuw jong, en vatbaar voor zachte indrukken en
teedere nuances. Want de vatbaarheid hebt ge verloren,
gij, overweldigd door zware tropische pracht. En de natuur
in Europa, die ge minacht, de natuur van Zuidelijk Europa
is, zoo goed als de natuur dikwijls van Noordelijk Europa,

[1] I don't take your sneer amiss.
[2] Will have to go through both a cure and a schooling.

er eene van zachtheid en teederheid, van weeke omme-
lijnen, en teedere tinten, en gij moet die weêr mooi leeren
vinden.

*   *   *   *   *   *

JACQUES PERK (1859—1881).

Jacques Perk is generally regarded as the harbinger of the 'movement of 'eighty' which brought new life into Dutch literature. His
precocity and early death, no less than his love for and achievement
of intense beauty are very reminiscent of Keats, for whom, together
with Shelley, he cherished a passionate admiration. His genius has
been best honoured by his friend Willem Kloos and an extract from
the latter's criticism follows the sonnet of Perk's here printed.

Het Lied des Storms.

Door 't woud der pijnen kreunt en zucht de wind,
    En machtig wuiven de gepluimde toppen,
    En strooien rond de zware schilfer-knoppen[1],
Die stuiven over 't knerpend naalden-grint[2]:
    En uit het hemel-groen dier ruige koppen,
Die schudden: ja, en neen, van woede ontzind...
Daalt daar een lied op 't bevend menschenkind,
    Dat van een grootsch ontzag de borst voelt kloppen:

'De duizend, die zichzelf nooit wezen konden,
    Bezitten saâm een waarheid, die hen bindt:
Hún is 't geloof, dat spreekt uit duizend monden;
    Maar wie, wat menschlijk waar is, zelf ontgint,
Voelt zich aan zich door zich alleen verbonden,
    En weet, dat hij voor zich slechts waarheid vindt.'

[1] Scaly buds, i.e. pine-cones.
[2] Needle-gravel, i.e. carpet of (pine-) needles.

WILLEM KLOOS.

Born in 1859 Willem Kloos may at the present day be considered the *doyen* of Dutch men of letters. Editor from its inception in 1885 of *De Nieuwe Gids*, the organ of Young Holland and one of the foremost reviews of the world, he has done invaluable services in exposing meaningless shibboleths and advocating lofty and broad ideals. In addition to this critical work, always incisive and often aggressive, Kloos has shewn himself in *Verzen* (collected in four anthologies) no less considerable as an original poet. In 1900 he married Jeanne Reyneke van Stuwe, the novelist.

From *In Memoriam. Jacques Perk.*

Voor'shands zij het genoeg, er op te wijzen, dat Jacques Perk medegewerkt heeft om de volgende elementen in onze litteratuur te versterken of in te voeren. Zij hebben betrekking op den inhoud als op den vorm, en wel ten eerste : stoutheid van conceptie, in beeld, als in gedachte, het eerste een uitvloeisel van zijn veelomvattende—maar daarom niet minder fijn in bijzonderheden zich vermeiende —verbeeldingskracht, het laatste van een wijsgeerige ver- standsontwikkeling, die toch elk harer ideeen wist te verzinnelijken, en veelmalen uitsloeg in den gloed eener intellectueele passie, zooals ons tot dusverre nog slechts uit enkele gedeelten van Potgieters 'Florence' had mogen toestroomen. In nauw verband hiermede stond een rijk- dom van gemoedsleven en een toomeloosheid van levens- kracht, die beurtelings zich in de helste jubeltonen en de kreten der diepste menschelijke smart verliezende, steeds weder om kalmte vloden tot die eeuwig milde zonnen van het menschelijke leven, Liefde en Schoonheid, wier glanzen toch nooit van hen geweken waren ; om dan in de kunst, dien hoogsten toeverlaat, zichzelf gelouterd terug te vinden, en in plastische trekken de beelden te doen leven, waarin

de ziel haar weelde en haar pijn als in een spiegel aanschouwen kan. Daar stond hem een taal ten dienste, die
verworven door oefening en studie, en de verbruikte hand-
grepen en vormen, de misbruikte wendingen en figuren
vermijdende en versmadende, tegelijk innig en beeldend,
welluidend en rustig kon zijn, en aan al zijn uitstortingen
iets eigenaardigs en individueels, aan zeer velen ook dien
onbeschrijfelijken, zwevenden geur verleende, die het
zekerste kenmerk van waarachtige poëzie is.

Potgieter.

Dank, goede Meester, sterke Held, Die streedt,
    Als eenzaam-groote, in 't heir van wie U haatten,
    En wien, om net-gerijmd, godsdienstig praten,
De schare luid toejuichte, in kreet bij kreet...
De schare voor wie *hij* slechts dichter heet,
    Die weet te schikken in glad-nuchtre maten
    Datzelfde wat zij-zelf ook graag bepraten,
Als ze op hun deftigst doen, in 't Zondags kleed.

Doch laat dat zijn : want wie U flauwtjes prezen,
    Luchtend daartusschendoor hun spijt'gen nijd,
Zij worden thans ternauwernood gelezen,
    Terwijl Uw roem aangroeit in eeuwigheid...
Ja, voor al volgende eeuwen zult Gij wezen
    De al-een'ge groote Dichter van Uw tijd!

EVERARDUS JOHANNES POTGIETER (1808—1875).

Born at Zwolle. Received a commercial education at Amsterdam,
where, after several years at Antwerp and a visit to Sweden, he
embarked on a mercantile career. His spare time assiduously
devoted to a close study of the best native and foreign authors, he
before long was on terms of intimate acquaintance with a band of

ardent spirits who, deploring the reign of mediocrity in the world of letters, were striving to purify and elevate the public taste. The first work which employed his own pen (1836) reflects the experiences of his Swedish journey ; his critical powers rapidly developed with his connexion with *De Musen* (founded 1834 by Aarnout Drost) and its successor, *De Gids*, a blue-covered journal which, owned by himself and edited by Bakhuizen van den Brink, was known by the soubriquet of 'de blauwe beul'—Blue Jack Ketch—from its unsparing castigation of ineptitude and sentimental trash. It changed hands ; chivalrously resenting the ousting from its .columns of his friend and colleague Busken Huet, he washed his hands of it ; thenceforward his great gifts took large and independent scope both in verse and prose. Highly typical of aim, of strong personality and nervous if involved style are his *Jan, Jannetje en hun jongste kind* and his *Rijksmuseum*[1] ; in the former he inveighs against the enervating influences of 'Jan Salie[2]' on the national life ; in the latter[3], finding his inspiration in Holland's Golden Age, he holds up its heroes to the gaze of a people fallen from their once proud estate. Popular he, perhaps, can never be ; yet, if comparatively lately, he has come into his own, as really great among the literary personages of his land and period.

From *Het Rijksmuseum*[1].

Er was een tijd, waarin de weegschaal der volkeren van Europa door hare vorsten niet ter hand werd genomen, of[4] de hollandsche maagd[5], aan hunne zijde op het

[1] The name of the National Dutch Museum.

[2] 'Jan Salie.' Jan Sali figures in a 17th century farce by W. D. Hooft, and the name has ever since been a synonym for ' sukkel '—a word which, in this connexion, might, perhaps, be rendered ' rotter.' The ' Jan Salie ' of Potgieter's mordant satire is Jan and Jannetje's youngest son ; an ignoble member of the redoubtable family which ' Mr and Mrs Holland ' welcome to their abode on New Year's Eve.

[3] ' Het Rijks-museum,' wrote Busken Huet, ' is het doorwrochtste, het artistiekste, het voortreffelijkste proza stuk dat in onze moderne letterkunde aangewezen worden kan.' This the reader can easily translate for himself.

[4] *Trans.* but.   [5] 'De hollandsche maagd.' Of course=Holland.

regtsgestoelte[1] gezeten, wierp er mede haar oorlogszwaard of haren olijftak in, en deed door deze bijwijlen den evenaar overhellen;—gij, die het leest, als ik, die het schrijf, wij waren er getuigen van, hoe zij, vóór luttel jaren, met hare partij voor de vijfschaar[2] gedaagd, vonnis ontving van wie haars gelijken, hare minderen zijn geweest.—Er was een tijd, dat de hollandsche vlag werd begroet als de meesteresse der zee, waar ook ochtend- of middag- of avondlicht de oceanen van beide wereldhalfronden verguldde; een tijd waarin hare vlootvoogden den bezem op den mast mogten voeren, dewijl zij, naar de krachtige uitdrukking dier dagen, de zee hadden schoongeveegd van gespuis;—in eene der jongste vergaderingen Hunner Edelmogenden[3], hebben welsprekende stemmen de roemlooze ruste van Janmaat[4] beklaagd.—Er was eén tijd, waarin de hollandsche handel den moed had, de boeijen te verbreken, hem door den beheerscher der beide Indiën aangelegd, en, stouter nog, de ongenade van 's aardrijks uithoeken braveerde, om eenen doortogt te vinden, 'door natuur ontzegd'; een tijd waarin de winzucht een' adelbrief verwierf door hare verzustering met de wetenschap; —stel u voor, God verhoede, dat het ooit gebeure!— stel u voor, dat Java ons niet langer zijne schatten in den schoot stortte, en zeg mij, werwaarts de dienstbare vloot der Handel-Maatschappij dan hare zeilen hijschen zou;

[1] Modern spelling: *rechts*....

[2] Viz. England, France, Russia, Austria and Prussia. The allusion is to the Congress of London, 1830–1.

[3] The title of the members of the States-General or Dutch Parliament.

[4] 'Janmaat' (Jack-tar)—Holland's naval and mercantile marine. 'Janmaat' also figures in *Jan, Jannetje en hun jongste kind*, a conspicuous member of the large family. In *Het Rijksmuseum* we again meet with 'Jan Salie.'

waar de ondernemingslust harer reeders, in Noord- of in
Zuid-America, betrekkingen heeft aangehouden; waar men
zich onzer in China nog herinnert; wie ons in Australië
kent?—Es was een tijd, dat Holland naar kennis dorstte,
kennis waardeerde, kennis liefhad, en in menig vak van
studie de vraagbaak der beschaafde wereld werd,—waarin
het de beoefenaren der wetenschap huldigde, zonder ander
aanzien des persoons,—blond van lokken of grijs van
haren,—landzaat, en dus het voorwerp van zijnen recht-
matigen trots, of balling, en dus het voorwerp van zijnen
edelaardiger eerbied,—handhaver van het oude, en daardoor wachter bij den reeds verworvenen schat, of kampvechter voor het nieuwe, en daardoor borg voor zijn deel
in de aanstaande verovering;—thans, o het zij verre van
mij, oningewijde in haren tempel, uitspraak te doen, als
de blinde over de kleuren! maar leen den twist harer
priesteren het oor, en loochen, zoo gij kunt, het vermoeden,
dat de offeranden, in de dagen, die wij beleven, te onzent
op hare altaren gebracht, met luttel uitzonderingen
schaarsch en schraal zijn,—schraal en schaarsch tot ver-
klarens, tot wettigens toe der onverschilligheid[1], waarmede
de nabuur den ijlen rook ziet opgaan.—Er was een tijd,
waarin het door zijn beleid geëerbiedigde, om zijn goud
benijde, en voor zijne kennis gevierde Holland door deze
driedubbele kroon de rozen der kunst vlechten mogt;
waarin het gehoor voor muzijk, waarin het zin voor poëzij
had, en zich in beider liefelijke bloesems verlustigde; maar
Europa's bewondering wegdroeg door zijne schilderschool,
de oorspronkelijke, met zijnen strijd voor de vrijheid
geboren, en die de helden van deze heeft veraanschouwe-
lijkt en vereeuwigd; eene eerzuil, door dat geslacht zich

[1] So scanty and scarce as to explain and justify the indifference.

zelf gesticht;—eene eerzuil, welker meesterstukken we
ten minste niet alle voor het goud des vreemdelings veil
hadden,—hoe onverschillig onze achttiende eeuw de nalatenschap bewaarde, die, in welsprekend zwijgen, het vonnis
der erfgenamen wees[1]; tot welk eene hoogte[2], in den
aanvang der negentiende eeuw, de druk des geteisterden
volks stijgen mogt;—eene eerzuil, voor welker luister het
ons past het hoofd neder te buigen van schaamte, als zij
al de gaven, al de krachten, al de deugden van het voor-
geslacht, als een spiegel weêrkaatst, tot we, voelende wat
we eens geweest zijn, en wat we werden, ons aangorden...
Vergeef mij, ik wilde u in deze bladzijden slechts uit-
noodigen tot hare beschouwing, mits ge vergunt, dat liefde
aanvulle, waar talent te kort schiet.

HENRIETTE ROLAND HOLST–VAN DER SCHALK[3].

Henriette Roland Holst–Van der Schalk, born in 1869, stands
with Hélène Swarth in the front rank of contemporary poetesses ;
her writings are strongly impregnated with socialist doctrines and
she has more than once turned to English history and literature for
her themes. The following is an idealized monologue put into the
mouth of Mary Wollstonecraft, author of *The Rights of Woman*.

From *Het Feest der Gedachtenis*.

In Frankrijk waren veel dappere geesten
ontwaakt. De lucht was vol gedachten-feesten,
de vrijheid rumoerde hoog in de lucht.
Men zag haar niet, maar men hoorde haar vlucht

---

[1] The conception here is that Holland's worthies look down from their
canvases with silent contempt for, and pronounce sentence (vonnis
wijzen) on, a degenerate posterity.

[2] To whatever height.

[3] According to Dutch (written) usage a married woman preserves her
original surname, attached, with a hyphen, to her husband's.

ruischen, men hoorde nieuwe wijzen zoemen,
stemmen de glorieuze daden roemen
van de burgers der oudheid, van hun strijd
tegen tyrannie en hun dapperheid.
Een stem zong 'alle menschen van natuur
zijn vrij; alle hebben gelijke rechten.'
De wijs hing nu, een reuzen-groot figuur,
hoog in de lucht, daaraan dronken de knechten
zich moed tot strijd, geloof in zegepraal.
De heeren noemden het godlooze taal,
doofden het met geweld. Maar nieuwe geesten
verhieven weer hun stem, de scharen hoorden
hen allen toe, verrukt, maar één het meeste
omdat hij zoo teeder zong en bekoorde
zoo zoet. Hij zong van een bevrijde aarde
waarop geen dienstbaarheid zou zijn, geen dwang
en geen ellende, maar het zacht gezang
der broederlijkheid ruischen : niemand gaarde
zich goud en niemand neep gebrek ; er groeide
geen hoogmoed meer noch afgunst : liefde bloeide,
liefde omrankte alle levens-dingen
met geur.......

Ik was een kind toen die stemmen te klinken
begonnen, het kinderhart lag bereid
en open om hun woorden in te drinken ;
en als ik hoorde zeggen 't woord 'vrijheid,'
sprong mijn hart op en een warm heerlijk beven
door-tintelde mij : het diepst-eigen leven
strekte zich naar een ver en glanzend doel.
Toen bracht Amerika den schok ; nog voel
'k mij trillen als een schip kwam aan-gevaren

dat tijding bracht van 't opstandige land.
Hielden Washington's dapp're vrijheids-scharen
nog tegen 't koninklijke leger stand ?
Ja...dan begon verward en woelig spreken :
velen wilden, om het verzet te breken
der rebellen, zenden nog meer soldaten ;
enkelen dempten een inwendig juichen
en fluisterden : 'God heeft Eng'land verlaten
omdat het afdwaalde van 't rechte pad,'
maar 't was hoogverraad, hiervan te getuigen....
In 't stille kamertje weende ik en bad
voor de rebellen, dat zij zouden winnen,
en voelde vol vurig leven van binnen.

NICOLAAS BEETS (1814—1903).

Born at Haarlem. Studied theology at Leiden, with predilections already strong for letters ; for thirteen years (1840-53) clergyman of Heemstede ; thence called (1854) to Utrecht, at first in his clerical capacity, subsequently (1874-84) Professor of Theology ; a leisured close of life. His earlier writings (translations, poems, tales in verse) reveal the influence of French and English romance, Sterne, Scott, and Byron being among his favourite authors ; those of a later period, characterized by keenness of observation and a genuine love of nature, have a real charm ; his Biblical versifications, somewhat pietistic, are of small account. Pre-eminently a man of one book, there is perhaps nothing in his literary remains which equals his *Camera Obscura* (published 1839 and afterwards considerably enlarged) ; in its pages 'Hildebrand'—the author's pseudonym—is at his very best. It consists of vivacious and diverting sketches—in some part reminiscent of the author's student-years ; the style is picturesque and often *naïf*; a vein of pathos mingles with the comical and absurd ; the characters are instinct with life, and their respective idiosyncrasies are delightfully hit off by one who knew and appreciated his Dickens.

From *Camera Obscura.*

Drie dagen had ik bij de familie STASTOK[1] vertoefd, en in dien tijd was ik groote vrienden met KEESJE[2] geworden. Een paar malen had hij mij door de stad vergezeld om mij den weg te wijzen, als ik boodschappen te doen had; en daar hij, als vele oude lieden, praatziek was, en ik in dat gebrek soms met vele oude lieden deel, hadden wij dikwijls te zamen vrij wat afgehandeld. KEESJE was een eenvoudig, braaf, goedaardig mannetje. Hij had een flauwe herinnering van zijn vader, die borstelmaker geweest was en groote 'zulveren[3]' gespen op zijn schoenen had gedragen. Behalve de gespen, herinnerde hij zich niets meer van hem dan zijn dood, en hoe hij met een groote huilebalk[4] en lange witte das achter zijn lijk gegaan was; en hoe er toen hij thuis kwam een zwarte doek over den spiegel had 'gehongen'; en hoe hij, bij die gelegenheid, zooveel geraspte broodjes[5] had mogen eten als hij maar wilde; en dat daar een lange moei was bijgeweest, die zóóveel witten wijn gedronken had, dat een dikke oom gezegd had: 'je krijgt niet meer.' Zijne moeder had hij nooit gekend. De dikke oom had hem naar 't Weeshuis gebracht; hij had er leeren spellen, en toen was hij op timmeren gedaan; maar hij was te zwak voor dat werk, weshalve men hem bij een apotheker besteld had, om fleschjes te spoelen, en te stampen[6]: een baantje dat juist niet rijk is aan schitterende vooruitzichten. Vijftien jaar had hij er gediend, maar

[1] What follows is from a chapter in *De Familie Stastok.*

[2] 'Keesje'—the old almshouse man who tells 'Hildebrand' his tale of woe.

[3] KEESJE means 'zilveren.' His grammar is often at fault, and the reader must be prepared for his many lapses from polite modes of speech.

[4] Here a mourner's broad-brimmed hat.

[5] Lit. rasped rolls. [6] To grind (pills).

daar hij maar heel weinig lezen kon, en hij dikwijls tegelijk twee halfpints-fleschen, drie kinderglazen, een amplet,
een likkepot en een pakje poeiers weg moest brengen, was
't hem eindelijk eens gebeurd dat hij een salebdrank
gebracht had bij iemand die obstructies had, en daarentegen de poeiers met jalappeharst bij eene dame die aan
diarrhee leed, waarop hij, als niet genoeg geletterd, ont-
slagen werd. Sedert was hij looper voor een kantoor, en
daarna huisknecht bij onderscheidene lieden geweest, waar-
van sommige dood en andere geruïneerd waren; en daar
hij, bij de groote opruiming, te oud was geweest om
naar Frederiksoord te worden gezonden, had eindelijk het
Weeshuis hem overgedaan aan het Diakoniehuis. En nu
werd hij op zijn ouden dag nog door mijn oom en een
paar lieden van diens slag gebruikt tot het smeren van
schoenen, uitkloppen van kleeren, wegbrengen van de
courant en, in één woord, tot het doen van min gewichtige
boodschappen. Hetgeen, volgens de inlichtingen van mijn
oom, 's mans carrière het meest had gedwarsboomd, was
zijne verregaande onnozelheid en daaraan geëvenredigde
menschenvrees.

* * * * * *

In [een] priëeltje¹ zocht ik, op zaterdag morgen na den
ontbijt, met een boek onder den arm, het zonnetje².
Waarom ik het boek niet opensloeg zal terstond blijken.

Ik had nog nauwelijks met mijn zakdoek het stof van de
bank in 't priëeltje geslagen, en was bezig, op mijn gemak
nedergezeten, met de oogen op het loodsje, het plaatsje en
het hekje gericht, mij te verlustigen in het denkbeeld, hoe
goed alles bij mijn oom en tante in de verf was, als de

¹ Viz. the arbour in the garden behind the house.
² Dim. of *zon*, the sun.

plaatsdeur openging en KEESJE verscheen. Daar hij den
geheelen tuin doormoest[1] om ter plaatse zijner bestemming
te komen, en hij bijna zeventig jaar op de schouders torste,
had ik tijds genoeg om op te merken, dat er iets aan
scheelde[2].[3]

* * * * * *

' Hoe is 't KEESJE! Gaan de zaken niet goed?' riep ik
hem toe. KEESJE borstelde altijd door. Hij was wat doof.

Wanneer men den volzin herhalen moet, die men op een
eenigzins meewarigen toon heeft uitgesproken, is 't glad
onmogelijk het met dezelve woorden te doen. Ik stond op,
kwam een stapje nader, en zei wat luider:

' Wat scheelt er aan, KEES?'

KEES ontstellde, zag mij aan, en *bleef* mij een oogenblik
met strakke oogen aanzien; daarop vatte hij weer een
mouw van mijn ooms zondagschen rok en begon op nieuw
te borstelen. Er liep een traan over zijn wangen.

'Foei, KEES!' zei ik, 'dat moet niet wezen; ik zie
waterlanders[4], dunkt me.'

KEESJE veegde zijn oogen met de mouw van zijn vest
af en zei: ''t Is een schrale wind meheer HILDEBRAND.'

' Ei wat[5] KEESJE'; zei ik, 'de wind is niemendal schraal.
Maar daar schort iets aan, man! Hebje een courant verloren?'

KEESJE schudde het hoofd en ging hardnekkiger dan
ooit aan het schuieren.

' KEES!' zei ik: 'Je bent te oud om verdriet te hebben.
Is er niets aan te doen, vrind?'

De oude man zag vreemd op bij het hooren van het

---

[1] Had to go through.   [2] That something was up.
[3] Keesje proceeds to black boots and brush clothes.
[4] The ' waterworks.'   [5] Rubbish.

woord 'vrind.' Helaas, misschien was 't hem op zijn ne-
genenzestigste jaar nog geheel nieuw. Een zenuwachtige
glimlach, dat iets verschrikkelijks had, kwam over zijn
mager gezicht; zijne grijze oogen luisterden eerst op,
werden toen weer dof, en schoten vol tranen. Zijn gansche
gelaat zeide : ik zal u vertrouwen. Zijn lippen zeiden:
  'Hoor reis[1] meheer! kent uwe Klein KLAASJE ?'

Hoewel ik nu een zeer bijzonderen vriend heb, die
NICOLAAS gedoopt is, en van wien 't niet ondenkbaar was
dat KEESJE hem wel eens gezien had, zoo kon ik echter
onmogelijk op gemelden NICOLAAS den naam van Klein
KLAASJE toepassen, aangezien dat hij een zeer 'lange blonde
jongen' is, en nooit zou ik hebben willen gelooven dat ge-
melde NICOLAAS, hoe onaardig hij ook somtijds wezen kan,
de oorzaak zou kunnen zijn van ouden KEESJES tranen.
Ik antwoordde dus dat ik Klein KLAASJE niet kende.

  'Heeft meheer PIETER[2] hem uwe dan niet gewezen?
De heele stad kent Klein KLAASJE. Hij krijgt centen
genoeg'; ging KEESJE voort.

  'Maar wat is het dan voor een man?' vroeg ik.

  'Het is,' zei KEESJE, 'in 't geheel geen man. 't Is een
dwerg, meheer! een dwerg, zoo waar as ik hier voor je sta.
Je kent er mee in een spul reizen. Maar 't is een kwaad
kreng. *Ik* ken hem goed.'

Ik wenschte hartelijk naar wat meer orde in de berichten
van KEESJE.

  'Hij is uit het Huis,' hernam hij na een oogenblik
zwijgens: 'hij loopt over straat as 'en gek. Hij wint geld
met zen bochel[3]. Als er 'en school uitgaat, leggen de
jongens centen bij mekaar, en laten Klein KLAASJE dansen.

---

[1] Just listen.   [2] Hildebrand's cousin ; often the butt of his jokes.
[3] His hump; Klein Klaasje is a hump-backed dwarf.

Dan springt ie om een stok net as zoo'n aap, en dan maakt ie zijn bochel wel eens zoo groot[1]. Ik *heb* geen bochel, meheer!' liet hij met een zucht op volgen.

Terecht begreep ik dat KEESJE minder jaloersch was van den bochel dan van diens geldige vrucht.

'Ik wou,' ging hij op een treurigen toon voort, den rok een veel harder streek met den schuier gevende, dan voor laken van negen gulden[2] dienstig was; 'ik won dat ik een bochel had. Ik zou nies uitvoeren; ik zou centen krijgen; ze zouen om me lachen...Maar ik zou niet drinken,' zei hij eensklaps van toon veranderende. En den volzin omkeerende, voegde hij er, zeer bedaard den rok van den knaap nemende en hem opvouwende, nog eens bij, 'drinken zou ik niet.'

'KEESJE,' zei ik, 'toen je den tuin doorkwaamt, en toen ik je aansprak, was je bedroefd, en nu lijk je wel wat boos te zijn; ik zie je liever bedroefd.'

De oude oogen schoten weer vol tranen; hij stak zijne dorre handen naar mij uit; ik vatte ze, toen hij ze, beschaamd over zijn gemeenzaamheid, terug wilde trekken, en liet ze niet dan na een bemoedigend drukje varen.

'Och,' zei hij—'och meheer weet dat zoo niet;—maar ik ben—ik ben veel bedroefder dan boos. Maar Klein KLAASJE het me mishandeld. Klein KLAASJE is slecht. De menschen,' ging hij voort, naar het schoensmeer bukkende, 'de menschen denken soms dat ie gek is; maar hij is slecht.'

'Hoor eens, KEESJE,' zei ik, een klaptafeltje[3] op een ijzeren poot opslaande; 'ga hier eens wat zitten en vertel me reis geregeld, wat heeft Klein KLAASJE je gedaan?'

---

[1] As big again.   [2] Cloth at nine guilders (a yard).
[3] Small folding table; here chair.

'Het zel niet helpen,' zei KEESJE, 'maar ik zel et doen,
as u 't niemand zegt. Kent meheer et Huis?'

'Welk huis?'

'Van de Diakenie.'

'Ik heb het in 't voorbijgaan gezien.'

'Goed. Et is een leelijk huis, is et niet? een leelijk
huis; met rooie[1] deuren en vensters; en van binnen alles
rood en alles donker. Nou; meheer weet wel dat we daar
allemaal arm zijn, allemaal even arm; ik kan et niet
anders zeggen, net precies, denk ik wel, as op 't kerkhof.
Ik en een ander verdienen iets, maar et helpt niet. We
brengen et in bij den Vader[2]; en de Vader geeft ons alle
weken zakduiten. Dat is goed, meheer; dat is heel goed.
Als ik oud wor, verdien ik geen kopere' cent meer; maar
ik krijg toch de' zakduit. Hier,' zeide hij, een bonten
katoenen zakdoek uithalende, 'deuze en,' op zijn tabaks-
doos kloppende, ' en deuze, heb ik van me zakduit gekocht.'

Het was aandoenlijk een man van bij de negenenzestig[3]
te hooren spreken van 'als ik oud word.'

'KLAAS,'—ging hij voort—'zoo as meheer wel begrijpt,
krijgt ook een zakduit. Maar wat doet KLAAS? KLAAS
doet niets, dan nou en dan de straat voor iemand wieden.
KLAAS houdt zich gek; KLAAS danst met zen bochel; en as
ie centen krijgt van de lui en van de kinderèn, dan wandelt
KLAAS de poort uit. Kent meheer de Vette Vadoek[4]?'

'Neen, Keesje.'

'Et is een herberg in de Hazelaan, daar drinkt KLAAS
en borrel; en welreis twee, en welreis drie borrels[5].'

---

[1] For *roode*.   [2] Master of the Almshouse.

[3] Of some sixty-nine years.

[4] 'The Greasy Dish-clout.' As KEESJE explains, the sign of a low 'pub.'

[5] A dram—then a second, and perhaps a third.

'En als hij dan in 't Huis komt?'

'o Hij heeft allerlei kunsten. Hij neemt een groote pruim tabak. Hij haalt 'en oranjeschilletje bij de' drogist. Soms merkt de Vader et. Dan krijgt hij 'en blok aan zen been, want hij is te oud om op de bok gelegd te worden, en men kan em ook niet op zen bochel slaan; maar wat is 't as ie met het blok loopt? Dan zeit ie teugen de kinderen: St...jongens! KLAAS is ondeugend geweest; KLAAS het 'en graantje gepikt; en de Vader het KLAAS al zen centen afgenomen. Je begrijpt wel, meheer, dat ie dan nog meer opdoet.'

Ik begreep het volkomen.

'Maar dat zijn *zijn* zaken,' ging KEESJE voort, een schoen van mijn oom opnemende, dien hij smeren moest en onmiddellijk weer neerzette; 'maar wat hoeft ie[1] *mijn* ongelukkig te maken? Weet u wat et is? Ik zel et u vertellen. Ik had geld,—ik had veul geld,—ik had twaalf gulden!'

'En hoe kwam je daaraan, KEESJE?'

'Met God en met eere. Ik had et gespaard toen ik in de apteek[2] was. Somwijlen, als ik 'n drankje buiten de stad brocht, op een buitenplaats of in een theetuin, zei de meheer of de mevrouw: geef de' looper een dubbeltje; 't is slecht weer. Zoo had ik twaalf gulden bij mekaar. Ik mocht die in 't Huis niet hebben. Maar ik bewaarde ze; op me hart.'

'En waartoe bewaarde je die? Hadje dat geld noodig; of deeje 't alleen om 't pleizier van het te hebben?'

'Och, meheer!' zei het diakenhuismannetje, het hoofd schuddende: 'Als ik et zeggen mag, de rijke lui weten dat

---

[1] *Ie = hij.* What business has he....
[2] For *apotheek.*

zoo niet; de Regenten[1] weten 't ook niet; want zij hebben
er geen zorg voor. 't Gaat alles goed bij zulke menschen;
bij leven en sterven. Hoor reis; we hebben 't goed in et
Huis; de Regenten zijn goed; op vastelavond krijgen we
bollen met boter; over drie weken, als de slacht is, krijgt
et Huis 'n os, ik weet niet van wat voor groot heer die
lang dood is. Dan eten we allemaal gehakt; en de heeren
hebben 'n partij en eten de tong. We hebben 't er heel
goed; maar 'n mensch, meheer, denkt altijd om zen dood.'

'Ik denk nogal dat je 't na je dood ook heel goed zult
hebben, Keesje,' zei ik.

'Ik hoop et, meheer; in de Hemel is alles goed; maar
dat meen ik niet. Ik wou me lijk verbeteren, weet u?'

'Wat is dat, Kees?'

'Hoor reis, as we dood zijn, dan leit men ons op strooi
en we krijgen 't goed aan van 't Huis, net as wanneer we
leven, en dan gaan we na 't kerkhof, in de put; dat wou
ik niet. Ik wou, as ik dood was, geen diakenhuisgoed aanhebben....'

Hij zweeg een oogenblik; en weder kwamen de tranen.

'Ik wou in me kist leggen, ik weet niet, ik zel maar
zeggen, zoo as ik er mijn vader in heb zien leggen, met
eigen goed; ik heb nooit een eigen hemd gehad; één
eigen doodhemd wou ik hebben.'

Ik was aangedaan. Spreek mij niet van vooroordeelen.
De rijken der aarde hebben er duizend. Deze arme man
kon alles verdragen: schrale spijs, een hard bed en, naar
de mate zijner jaren[2] harden arbeid. Hij had geen eigen
huis; hij zou geen eigen graf hebben: o had hij dan ten
minste de zekerheid dat zijn allerlaatste gewaad het zijne
wezen zou!

---

[1] Members of the Committee, Guardians.   [2] Considering his years.

'Meheer begrijpt wel!' ging hij, eenigszins schor, voort, 'dat daar die twaalf gulden voor was......Ik heb geen verstand van die dingen; maar ik had gerekend vier gulden voor et linnen, en dan twee gulden voor de menschen, die me zouen afleggen, en tien stuivers voor een draagplaats en twaalf dragers. Was dat niet knap geweest? De bediende van den apteker had het zoo beschreven; het geld was in et pampiertje; en alles in een leeren zakkie¹: dat heb ik dertig jaar op me hart gehad...en nou is het weg....'

'Heeft KLAAS het gestolen?' vroeg ik.

'Neen!'—zei hij, uit het droef gepeins, waarin zijn eigen laatste woord hem gestort had, oplevende: 'maar hij is er achter gekomme² dat ik et had. *Zijn* kreb staat naast *mijn* kreb. Of ie et gezien het as ik me uitkleedde, of as ik me aankleedde, of toen ik ziek was, of dat ik hardop er van gedroomd heb, ik weet et niet. Ik zou wel haast zeggen dat ik er van gedroomd had; want ik denk er altijd om.— Verleden dinsdag had et den heelen voormiddag geregend, as meheer wel weten zel. KLAAS had geen cent opgedaan. Het was te slecht weer; de jongens hielden zich niet met hem op. Zen zakduiten waren ook weg, en hij had een razenden trek om na de Vette Vadoek te gaan. 'Kees,' zeid' ie na den eten, 'leen me zes centen.' 'Klaas,' zei ik, 'dat doei ik niet; want je verzuipt ze toch maar.' 'KEES,' zeid' ie, 'ik mot ze hebben,' zeid' ie. Ik zeg: 'nou je krijgt ze niet, hoor!' 'Weetje wat,' zeid' ie, 'KEES,' zeid' ie, 'as je ze me niet geeft, zel ik an de' Vader zeggen, wat je onder je hemd hebt, hoor!' Ik besturf as 'en doek, en gaf 'em de zes centen. Maar ik zeid' er bij: 'KLAAS, je bent een schurk!' Dat zei ik. Of ie daar toen toch kwaad om

¹ For *zakje*.　　　　　² Got wind of.

geworden is, kan ik niet zeggen; maar gisteren mot ie
dronken geweest zijn, en toen de suppoosten 'em 't blok
aandoen lieten, het ie as 'en gek geschreeuwd en gezongen:
'KEES het geld! KEES het geld! onder zen hemmetje het
ie geld!' de broers[1] vertelden 't me, toen ik in 't Huis kwam.
Ik was as 'en dooie. We gingen na' de mannezaal en kleed-
den ons uit. KLAAS lag er al en snurkte as 'en os. Toen ze
allemaal sliepen, stak ik me hand onder me hemd om et
zakkie weg te nemen en, als ik kon, in 't strooi van me
bulster te verstoppen. Maar eer ik et los had, daar ging
de deur ope', en de Vader kwam op de zaal met 'en
lantaren. Ik viel achterover op me kussen met et geld in
me hand, en tuurde as 'en gek mensch na' de lantaren.
Ieder stap, die de Vader dee, voelde ik op me hart. 'KEES,'
zeid' ie, over me heen bukkende: 'Je heb geld; je weet
wel dat je dat hier in 't Huis niet verstoppen mag'; en
meteen trok ie 't uit me hand.—''t Is voor een doodhemd,'
—stotterde ik, en viel op me knieën in de krib—maar 't
holp niet. 'We zellen 't voor je bewaren,' zei de Vader, en
maakte het zakkie ope', en telde het geld bedaard. Mijn
eigen oogen hadden et niet gezien sunt[2] ik et er in
genaaid had; dat was dertig jaar geleden; et was mijn,
eigen, lief, begrafenisgeldje. 'Ik zweer je dat ik er niets
voor doen zel,' huilde ik, 'dan me eerlek laten begraven.'—
'Daar zellen we zelf wel voor zorgen,' zei de Vader; en
weg ging ie met et geld en met de lantaren. 'KLAAS,'
riep ik hem na, 'het et je verteld, omdat ie'...maar wat
holp et of ik gezeid had, omdat ie 'en lap is! wat holp et
of ik hem verteld had dat KLAAS alle dag na' de Vette
Vadoek ging? Ik had er me geld niet mee weerom. Den

[1] The brothers, i.e. the other inmates.
[2] For *sinds*.

heelen nacht heb ik geen oog toegedaan.—Et is wat te zeggen!'

'Zou er bij de Regenten niets aan te doen zijn, KEESJE?' vroeg ik vertroostend.

'Neen! neen!' snikte hij, de hand op zijn borst rond-wrijvende, als zocht hij het geld nog: 'het geld most weg; dat is 'en wet zoo oud as et Huis, en et Huis is zoo oud— zoo oud as de wereld!'

'Dat's wat kras[1], KEESJE,' zei ik; 'en wanneer....'
Hij liet mij niet uitspreken.

'Wat kras? Het is niemendal kras. Zijn er dan niet altijd armelui geweest zoo as ik, die an de Diakenie kwammen, en van de Diakenie mosten eten en drinken, en bed en leger hebben, en begraven worden?—Maar *ik* wou begraven worden van mijn, eigen, geld,—en ik wou zeker *weten* dat ik van mijn, eigen, geld begraven zou worden; en dat was mijn grootste troost; en daarom droeg ik et vlak op me hart.—O, as KLAAS kon weten dat ie me dood maakte!'

'Hoor eens, KEESJE,' zei ik, 'je zult en moet je geld weerom hebben; ik beloof het je: ik zal mijn oom er over spreken; hij kent zeker de Regenten wel; wij zullen zien of zij de wet, voor een oud, braaf, oppassend man, als gij zijt, niet eens zullen willen overtreden. Maak er staat op, KEES, je zult je geld weerom hebben.'

'Zel ik?' zei de arme man, door mijn stelligen toon bemoedigd. 'Zel ik wezenlijk?'

En zijn oogen afvegende met een blij gelaat, gaf hij mij de hand.

In zijn behoefte om ook mij iets aangenaams te zeggen vroeg hij:

[1] Perhaps = that's a bit thick.

'Smeer ik uw laarzen netjes genoeg?'

'Overheerlijk,' was mijn antwoord.

'En is uw jassie goed genoeg geborsteld?' vroeg hij verder; 'as er iets an mankeert, mot meheer 't maar zeggen.'

Dat beloofde ik hem en ging in huis. Maar hij kwam mij achterop, met den linker arm in een laars van PIETER en den schoenborstel in de rechterhand. 'Vraag escuus, meheer, dat ik zoo vrijpostig ben,' zei hij, 'maar mag ik u nog wel iets verzoeken?'

'Wel ja KEES!'

'As meheer na' de Regenten gaat,' hernam hij, 'mot meheer maar net doen as of ie van nies weet.'

'Ik beloof het u, KEESJE!'

Ik ging naar mijn oom en wist dien te bewegen naar de Regenten te gaan. De president liet den Vader bij zich komen, en daarna den Vader rondgaan bij de andere Regenten, om ze tot een extra vergadering te convoceeren. Op die vergadering moest eerst KEESJE binnenkomen, en vervolgens buitenstaan; daarna moest ook de Vader binnenkomen, en vervolgens buitenstaan. Daarop werd er een uur gedelibereerd, hetwelk hoofdzakelijk daarmee werd doorgebracht dat de President gedurig zei dat hij de zaak aan de heeren overliet, en de heeren gedurig zeiden dat zij de zaak aan den president overlieten.

Daar het zóó niet blijven kon, bracht eindelijk de president het advies uit, 'dat het, aan den eenen kant, wel doenlijk was KEESJE zijn geld terug te geven, daar KEESJE een man was van voorbeeldig gedrag, die het geld zeker tot aan zijn dood toe zoo goed bewaren zou als de ijverige thesaurierzelve,'—waarop de 'ijverige thesaurierzelve' boog—'maar dat, aan den anderen kant, de ijverige

thesaurier het weder even zoo goed bewaren zou als
KEESJE, en dat het dus volstrekt niet noodig was KEESJE
in het vooroordeel te stijven dat zijn geld beter bewaard
zou worden en zekerder tot deszelfs, d. i.[1] KEESJES, doel
zou worden aangewend, indien hij, KEESJE, het zelf bewaarde, dan indien de ijverige thesaurier het bewaarde;
en dat dit zijn advies was.'

De secretaris meende echter met eenig recht dat dit
advies den knoop niet genoeg doorhakte[2] en stelde dus
onder verbetering voor[3], tot een van de beide maatregelen
over te gaan;—waarop de 'ijverige thesaurierzelve' de
edelmoedigheid had afstand te doen van het 'custodieeren
den penningen in quaesti,' en men eenparig besloot aan
KEESJE zijn twaalf gulden, weder behoorlijk in een zeem-
lederen zakje vastgenaaid, terug te geven.

Keesje heeft nog twee jaren zijn geld 'vlak op zijn hart'
gedragen. En toen ik in 't verleden jaar het kerkhof te
D.[4] zag, was 't mij zoet te mogen denken, dat aldaar in
het algemeene graf der armen één man sluimerde, die er
eerbiedig was heengedragen door twaalf broeders van zijne
eigene keuze, naardat hij, ook eenigszins door mijn toedoen,
in de gerustheid was ontslapen dat hij in zijn eigen doodskleed zou worden gewikkeld.

Had hij misschien in zijn laatste oogenblikken nog aan
HILDEBRAND gedacht?

[1] dat is.
[2] Did not quite solve the problem, cut the knot.
[3] Moved an amendment.
[4] 'D.' The scene is perhaps laid in Deventer.

PART V

GLOSSARY

Important Note. Dutch is very rich in compound and derivative words. The following glossary does not include compounds and derivatives the meaning of which is clear from their component parts. Attention is drawn to the following more common prefixes and suffixes :

	Corresponding to Engl.	Characteristic of
on-	*un-* and *in-* (negative prefix)	
-de and *-ste*	*-th* and *-st*	ordinal numbers
-dom	*-dom*	nouns
-en		infinitive of verbs
-er	*-er*	nouns
-heid	*-hood*	nouns
-ie	*-ion*	nouns
-ig	*-y*	adj. and adv.
-ing	*-ing*	nouns
-je and *-tje*		diminutive (noun generally)
-lijk	*-ly*	adj. and adv.
-loos	*-less*	adj.
-nis	*-ness*	nouns

Words formed with the above are omitted when the meaning is clear from similar forms already included. Words identical with or similar to English words with the same meaning are also omitted, e.g. *water*, water ; *kapitaal*, capital, &c.

Aalmoes, alms
aan(-), at, to, on, (along), (onward), (up)
aanbouw, building
aandoening, emotion
aandoenlijk, touching
aangaan, to enter into

aangenaam, pleasant
aangezicht, countenance
aangezien, in view of the fact
(zich) aangorden, to bestir (oneself)
aangroeien, to increase
aanhebben, to wear

aanhitsen, to incite
aanknoopen, to enter into
aankomen, to arrive
aankoop, purchase
aanlachen, to smile at
aanleg, natural disposition
aanleiding, cause, occasion
aanlokkelijkheid, charm
aanmatiging, arrogance
aanmerkelijk, considerable
aanmoedigen, to encourage
aanneembaar, plausible
aannemen, to receive, brook, assume
aanraken, to touch
aanschouwen, to behold
aansluiting, participation
aansprakelijk, responsible
aanstaande, coming, future
(*zich*) *aanstellen*, purposely to behave
aanstonds, immediately
aantal, number
(*zich*) *aantrekken*, to take to heart
aanvaarden, to take
aanval, attack ; fit
aanvang, beginning
aanvoerder, leader
aanvullen, to supply
aanwenden, to apply, employ
aanwezig, present
aanwijzen, to cite, appoint
aanwrijven, to impute
aanzetten, to incite
aanzien, respect, importance
aap, monkey
aard, kind
aarde, aardrijk, earth
aardig, nice, pleasant
aarzelen, to hesitate
ach, oh, ah, alas
acht, eight
achtbaarheid, repute
achten, to value, consider
achter(-), behind, back
achterna, after
achterop komen, to overtake

achterover, on one's back
achtervolgen, to pursue
achting, respect
adelbrief, patent of nobility
adem, breath, breathing
adreskaartje, visiting-card
adsistent, assistant
advies, opinion
af(-), off, down, away
afboeten, to do penance
afdoend, decisive
afgerecht, finished
afgunst, jealousy
afhandelen, to argue out
afhangen (*van*), to depend (on)
afhankelijk, dependent
afkeuren, to disapprove
afleggen, to lay out
afleiding, diversion
afschilderen, to take off
afschuwelijk, disgusting, horrid
afsluiten, to settle
afspreken, to agree
afstand, distance ; *afstand doen*, to give up, waive
afwachten, to wait for
afwachting, expectation
afweren, to ward off
akker, field
aldra, presently
aldus, thus
algemeen, common, general, public
alleen, alone, only
allemaal, all
allengs, gradually
aller-, of all, e.g. *allerbest*, best of all
allerlei, all sorts of
almachtig, almighty
als, as, than, like, if, as if, as well as, except
althans, at least
altijd, always, all the time
alweer, again
alzoo, so, thus, consequently, such

Amsterdammer, inhabitant of Amsterdam
ander, other
anders, otherwise
angst, terror, anxiety
anjelier, carnation
antwoord, answer
apotheker, chemist
arbeid, work
argeloos, unsuspecting
arm, arm ; poor
armoe, poverty
arriveeren, to arrive
averechtsheid, awkwardness
avond, evening

Baan, path, career
baas, proprietor
balletje, pellet
balling, exile
balsem, balsam
balsemend, fragrant
banaal, commonplace
band, tie
bank, bench
bankier, banker
baren, to create
beangstigen, to alarm
beantwoorden, to answer
bedaard, careful
bedekken, to cover
(zich) bedenken, to reflect
bediende, assistant
bedriegen, to deceive
bedroefd, sorrowful
bedrog, fraud
bedrukken, to depress
bedwingen, to overcome
beeld, image, vision
beelden, to form, make plastic
been, leg
beest, beast
begaan, to do
begin, beginning
begraven, to bury
behaaglijkheid, agreeableness
behagen, to please

behalen, to obtain
behalve, except
behandeling, usage
beheer, rule
beheerschen, to rule, control
behendigheid, skill
behoefte, need, necessity
behoeven (naar), to need
behooren, to belong (to)
behoorlijk, becoming
beide, both, two
bejagen, to hunt
bekend, known
bekende, acquaintance
bekennen, to acknowledge, confess
bekentenis, acknowledgment
beker, cup
bekijken, to look at
beklagen, to lament
beklappen, to peach on
bekleeden, to clothe
bekomen, to recover
(zich) bekommeren, to concern oneself
bekoren, to charm
bekorten, to shorten
bekwaam, capable ; convenient
belangrijk, important
belangstelling, interest
beleefdheid, politeness
beleid, skill
belemmering, obstacle
beletten, to hinder, prevent
beleven, to witness
Belgisch, Belgian
believen, to please
bellen, to ring
belofte, promise
beloven, to promise
bemachtigen, to take possession of
bemerken, to notice
bemiddeling, mediation
beminnelijk, lovely
beminnen, to love
beminnenswaardigheid, lovableness
bemoedigen, to encourage

ben = 1st per. sing. present of *zijn*
beneden, beneath, under
benedenstad, lower town
benijden, to envy
beoefenaar, student
beoordeelen, to judge
bepaald, *bepaaldelijk*, definite, positive, limited
bepalen, to fix, restrict
bepraten, to talk over
bereid, ready
bereiken, to attain
berekenen, to calculate
berg, mountain
bericht, information
berispen, to find fault with, reprimand
beroeren, to touch
berokkenen, to cause
beschaafd, polite, civilised
beschaamd, ashamed
beschaving, culture
beschermen, to defend
beschikken (*over*), to dispose (of), arrange
beschouwen, to consider, contemplate
beschrijven, to describe
beschuldiging, accusation
besef, conception
beslissen, to determine
besluiten, to limit, decide, resolve
besmoezelen, to smudge
bestaan (*uit*), existence ; to be, subsist, consist (of)
bestellen, to apprentice
bestemming, destination
bestendig, permanent, constant
besterven, to turn pale as death
bestier, management, regulating
bestijgen, to mount
bestralen, to shine upon
betalen, to pay
beteekenen, to mean
betoonen, to show
betooveren, to fascinate
betrachten, to observe, to practise

betreffen, to concern
betrekken, to take up
betrekking, relation
beukenhaag, beech-hedge
beurs, purse, exchange
beurt, turn
beurtelings, alternately
bevallig, charming, pleasant
beven, to tremble, shake, quiver
(*zich*) *bevinden*, to find oneself, be
bevolking, population
bevorderaar, patron
bevorderen, to advance
bevreemding, surprise
bevrijden, to set free
bewaken, to watch, guard
bewaren, to preserve, keep
beweeglijk, mobile
bewegen, to move
beweren, to maintain
bewierooken, to fill with incense
bewijzen, to prove ; to do
bewind, administration
bewonderen, to admire
bewonen, to live in
bewoner, inhabitant, tenant
bewust, conscious (of)
bewustzijn, consciousness
bezem, besom
bezielen, to animate, inspire
bezig (*om*), busy (with), engaged (in)
(*zich*) *bezinnen*, to call to mind
bezit, possession
bezoek (*afleggen*), (to pay a) visit
bezorgd, worried, anxious
bezorgen, to deliver
bezwaar, difficulty
bezwaren, to burden
bidden, to pray, beg
bieden, to offer
bier, beer
bij(-), near, at, in, with, to
bijeen, together
bijna, almost
bijvoegen, to add, enclose
bijwijlen, sometimes

bijwonen, to witness
bijzetten, to add
bijzonder(s), special(ly)
bijzonderheid, particular
binnen(-), in, within, inside, in-
binnenweg, byroad
blad, leaf
bladzijde, page
blank, white
blauw, blue
bleek, pale
bleu, shy
blij, blijde, cheerful, joyous
blijken, to appear, seem
blijven, to remain
blik, look
bloed, blood
bloei, bloom
bloem, flower, blossom
bloesem, blossom
blond, fair
blos, blush
bochel, hump-back
boei, fetter
boeien, to rivet
boekdeel, volume
boer, countryman
boerderij, farm
boerenkool, cabbage
boersheid, boorishness, unman-
   nerliness
boertig, facetious
boezem, bosom
bok, (flogging-)horse
bol, roll (of bread)
bond, treaty
bont, coloured
boodschap, errand
boom, tree
boomgard, orchard
boos (op), angry, cross (with),
   wicked
boosaardigheid, ill-nature, malice
borg, surety
borrel, dram
borst, breast
borstel, brush

bos, bunch
bosch, wood
boter, butter
bouw, building, structure
bouwen, to build
boven(-), above, over, upper
bovendien, in addition
braaf, honest
brabantsch, of Brabant
braden, to roast
braveeren, to face
breken, to break
brengen (bracht, gebracht), to
   bring
brief, letter
broeder, broer, brother
bron, bronader, source
brood, bread
brug, bridge
bruin, brown
brutaal, insolent, cheeky
bruusk, brusque
buffel, buffalo
buigen, to bow
buis, jacket
buiten(-), out, outside, except
buitenplaats, villa
buiten-verblijf, country seat
bukken, to bend
bulster, bolster
bundel, bunch
bureau, office
burger, citizen, burgess
burgerman, bourgeois
burgerrecht, citizenship
bus, box
buurt, neighbourhood

Carrière, career
cent, cent (100 cents = 1 gulden
   or florin = 1/8)
centrum, centre
(op 't) chapitre, (on the) subject
Chinees, Chinaman
cierlijk, graceful
collega, colleague

commies, clerk
courant, newspaper

Daad, deed
daar(-), there, where ; as, since
daaraan, to it, at which
daarbij, besides, at the same time
daardoor, because of that
daarentegen, on the other hand
daaronder, among
daartoe, for that purpose
dadelijk, immediate, real
dag, day, good morning
dagen, to summon
dags, per diem
dal, valley
dalen, to go down
dame, lady
dan, than, then
dank, thanks
dapper, brave
das, cravat
dat, that, which
dauw, dew
de, the
deel, part, share
deftig, grave, stately, genteel
dekken, to cover
dempen, to smother
denkbeeld, idea
denken (dacht, gedacht), to think
denneboom, fir-tree
derde, third
deren, to harm
derhalve, therefore
dertien, thirteen
dertig, thirty
des, of the
desniettemin, nevertheless
deugd, virtue
deugdzaam, good
deur, door
dewelke, which
dewijl, because
deze, this
dezelfde, the same

diakenie, poor-law authority
diakeniehuis, almshouse
dicht, thick, close
dichten, to make poetry
die, who, which, that, those
dief, thief
dienares, (female) servant
dienen, to serve
dienst, service
dienstbaar, serviceable
dienstbaarheid, servitude
dienstig, good
diep, low
dier, animal
dik, fat
dikwijls, often
dineetje, little dinner
ding, thing
dinsdag, Tuesday
dit, this
doch, but, yet
dochter, daughter
doek, cloth
doel, purpose, goal
doen, to do, make, cause, put
doenlijk, possible, practicable
dof, dull, faint, faded
dol, mad
dom, dome
donker, dark
dood, death ; dead
doodhemd, doodskleed, shroud
doof, deaf
doopen, to christen
doopsgezinde, baptist
door(-), by, through, by means of
doorbrengen, to pass
doorgaan, to pass through, persevere, pass for
doorn, thorn
doorschijnend, translucent
doortasten, to take measures
doortogt, passage
doorwrocht, highly finished
dooven, to suppress
dor, withered
dorp, village

draagplaats, bier
draaien, to turn, twist
dragen, to carry, bear, wear
drank, drink
drankje, draught, bottle of medicine
drassig, swampy
dreigen, to threaten
drie, three
driedubbel, triple
drietal, trio
(handel) drijven, to drive, carry on (trade)
dringen, to urge, penetrate
droef, gloomy
drogist, druggist
drommel, deuce
dronken, drunk
droomen, to dream
droomstaren, to gaze dreamily
drossaard, bailiff
druif, grape
druk, squeeze, distress; busy
drukken, to press
drukloon, cost of printing
druppel, drop
dubbel, double
dubbeltje = ten cents, twopence
duf, stale
duidelijk, plain, distinct
duif, pigeon
duiken, to sink
duim, thumb
duisteren, to obscure
duisterheid, duisternis, darkness, obscurity
duit, doit, half a farthing
duivel, devil
duizend, thousand
dulden, to suffer
dunken, to think ; *mij dunkt*, it seems to me
duren, to last
durven, to dare
dus, thus, therefore
dusdanig, such
duur, dear, expensive

Duytsch, Dutch [old fashioned]
dwaas, fool
dwalen, to err
dwang, compulsion
dwarsboomen, to thwart
dwerg, dwarf

Ebbenhout, ebony
echt, genuine, real ; marriage
echter, however
echtgenoot, spouse
edel, noble, precious
edelmoedig, noble, magnanimous
edelmogend, noble and puissant
eed, oath
een, a, an, one
eenig, sole, any, only
eeniggeboren, only begotten
eenigszins, somewhat
(op) eenmaal, (at) once
eenparig, unanimous
eens, once, now, just, at one, occasionally ; *in eens, eensklaps*, suddenly
eenszijn, to agree
eentonig, monotonous
eenvoudig, simple
eenzaamheid, solitude
eer, honour; before
eerbied, reverence
eerbiedigen, to respect
eerlang, shortly
eerlijk, honest
eerst, first, just
eerwaardig, venerable
eerzucht, ambition
eerzuil, monument
eeuw, century, age
eeuwig, perpetual, eternal, ever
ei, egg ; hey !
eigen, own
eigenaardig, peculiar, personal
eigenlijk, after all
eigenschap, property
eikenhouten, oaken
einde, end
eindigen, to end

eischen, to demand
elfde, eleventh
elk, each, every, any
elkaar, one another
ellende, misery, wretchedness
els, alder
en, and
enkel, single, isolated (person)
enorm, enormous
er, (there), cf. p. 37, n. 3
erf, compound
erfgenaam, heir
erkennen, acknowledge
ernstig, serious
eten, dinner ; eat, dine, have for
   dinner
europeesch, European
even, equal, just
evenaar, tongue of a balance
evenmensch, fellow-man
evenmin, as little
evenredig, proportional
excuus, pardon

Fantaseeren, to make fantastic
   images
fataal, fated
fatsoen, gentility
feest, feast
feitelijk, really, de facto
fel, sharp
fier, proud
figuur, figure (of speech)
fijn, fine
fiksch, respectable
finantieel, financial
flauw, faint
flauwtjes, coolly
flesch, bottle
fleurig, gay
flikkeren, to glitter, sparkle
flink, quick, smart
fluisteren, to whisper
foei, for shame !
fraai, handsome, fine
franje, fringe
Frankrijk, France

Fransch, French
frisch, fresh

Gaaf, gift
gaan, to go, befall
gaande weg, gradually
gaarne, gladly
galerij, veranda
gang, passage
gansch, quite
garen, to pile up
gast, guest
gastheer, host
gastvrij, hospitable
gastvrouw, hostess
gebaar, gesture
gebergte, mountain-range
gebied, jurisdiction
gebieden, to command
gebloemte, flowers
geboorte, birth
geboren, born
gebouw, building
gebrek, want, weakness
gebruik, use, custom, employ-
   ment
gedachte, thought, idea
gedachtenis, memory
gedaver, crashing
gedeelte, part
gedicht, poem
gedrag, behaviour
gedrukt, squat
geduldig, patient
gedurig, continual
geel, yellow
geen, no, none, not one
geenszins, by no means
geest, soul, mind, wit
geestdrift, ardour, enthusiasm
gehakt, mince
geheel, whole, entire ; *geheel en
   al*, altogether
geheim, secret
gehoor, hearing
gehoorzamen, to obey
gek, lunatic ; cracked, foolish

gekners, gnashing
gelaat, face
geld, money
Geldersch, of Gelderland
gelegen, convenient
gelegenheid, occasion, opportunity
geleiden, to conduct
geletterd, lettered, literary
gelijk (hebben), like, as, equal, (to be) right
geloof, faith, belief
geluid, noise
geluk, happiness, fortune
gelukken, to succeed
gemak, ease, comfort, leisure
gemeen, common
gemeenzaam, intimate, familiar
gemeld, aforesaid
gemijmer, meditation
gemoed, mind
te gemoet, towards
genade, mercy, favour
genieten (van), to enjoy
genoeg, enough
genoegen, pleasure, satisfaction
genoeglijk, comfortable
genot, pleasure
geoorloofd, allowed
gepeins, meditation
gerechtigheid, justice
gereed, ready
geregeld, regular, orderly, proper
gerucht, rumour
gerust, easy, without a qualm
gerustheid, quiet, certitude
geschenk, gift
geschieden, to come to pass
geschiedenis, history
geschreeuw, shouting
geslacht, nation
gesp, buckle
gespannen, in suspense
gespierd, muscular
gesprek, conversation
gespuis, scum of the people
gestalte, figure, disposition

gesteldheid, condition
getal, number
(zich) getroosten, to bear patiently
getuige, getuigenis, witness
getuigen, to testify
geur, fragrance
geval, event
geven, to give
gevoeglijk, convenient
gevoeglijkheid, outward deportment
gevoel, feeling, sensation
gevoelen, to feel, conceive
gevolg, consequence, retinue
gewaad, garment
geween, weeping
geweld, force, violence
gewest, region
gewicht, importance
gewin, profit
gewirwar, tangle
gewoon, accustomed, ordinary, usual
gewoonte, habit
gezag, authority
gezang, singing
gezellig, cosy
gezelschap, company
gezicht, face
gezond, healthy
gij, you
ginds, gindsch, yonder
gisteren, yesterday
glad, smooth, perfect
glans, splendour, glow, gleam
glimlach, smile
glimmen, to gleam
glinsteren, to sparkle
gloed, glow, fire
gloor, glory, lustre
glorieus, glorious
gluren, to peep
godsdienstig, religious
goed, good ; linen
goedaardig, good-natured, benevolent
goedertieren, merciful

goedkeuren, to approve
goeie-morgen, good-morning
golf, wave, undulation
goud, gouden, gold, golden
graag, glad
graantje, dram ; *een graantje pik-ken*, to wet one's whistle
gracht, canal
graf, grave
gratie, pardon
grauw, gray
graveeren, to engrave
grazig, grassy
grendel, bolt
Griekenland, Greece
grijnzen, to frown
grijpen, to lay hold of, clasp, clutch, stretch
grijs, grey
grijsaard, greybeard
grijzen, to turn grey
gril, whim, fantasy, caprice
grint, gravel
groeien, to grow
groen, green
groep, group
groet, greeting, salutation
groeve, furrow
grof, gross
grond, earth
grondslag, foundation
groot, great, tall
gul, frank
gulden, guilder, florin = 1/8
gunst, favour
guur, chilly
gymnasium, grammar-school

Haar, hair ; her
haas, hare
haasten, to hurry
haat, hate
hakken, to chop, cut
hal, hall
halen, to draw, pull, fetch
halfrond, hemisphere
hals, neck

handel, business
handelaar, merchant, seller
handelen, to act
handhaven, to preserve
handschoen, glove
handschrift, manuscript
hardnekkig, obstinate
hardop, out loud
harrewarren, to squabble
hart, heart, courage
hartstocht, passion
haven, port, harbour
hazenwind, greyhound
hebbelijkheid, disposition
hebben (had, gehad), to have
heden, to-day
heeft = 3rd pers. sing. present of *hebben*
heel, whole, entire, quite
heen(-), away, past, down
heer, lord, gentleman
heerlijk, glorious, pleasant
heerschen, to prevail
heerschzucht, love of domineering
heeten, to be called
heg, hedge
heimelijk, secret
heir, multitude
hek, gate
hekelen, to reprimand
hel, clear
helaas, alas
held, hero
helder, clear, bright
heldhaftig, heroic
hem, him
hemd, shirt
hemel, sky
hemeldiep, unfathomable
hen, them
herberg, public house
herbergen, to lodge
herder, shepherd
herfst, autumn
herhalen, to repeat
herinneren, to remember, recollect

hernemen, to reply
herrie, tumult
hersenen, brains, mind
hersenschim, chimaera
herstel, recovery
hertog, duke
hervatten, to reply
het, it, the
heusch, really
heuschheid, courtesy
heuvel, hill
hier, here
hiernevens, accompanying
hij, he
hijschen, to hoist
hinderen, to wrong
hinderpaal, obstacle
hinken, to limp
hobbelig, bumpy
hoe, how ; *hoe...ook*, however...
hoed, hat
hoedanigheid, quality
hoeven, to need
hoewel, although
hof, garden, court, yard
hofjonker, page
holig, hollow
hollandsch, Dutch
hond, dog
honger, hunger
honing, honey
hoofd, head
hoofdkwartier, headquarters
hoofdzakelijk, principal
hoog, high
Hoogheid, Highness
hoogmoed, pride, vanity
hoogte, height
hoon, affront
hoop, hope
hoorderes, (female) listener
hooren (*naar*), to hear, listen (to)
hoorngeschul, sound of horns
hopen (*op*), hope (for, in)
houden (*hield, gehouden*), to hold,
keep, oblige ; *zich houden*, to
behave ; *houden van*, to like

houding, bearing
hout, wood
houtvester, forester, verderer
houwen, to hew
hovenier, gardener
huilebalk, mourner's hat
huilen, to cry
huis, house
huisgenoot, member of the family
huisgezin, family
huishoudelijk, pertaining to
housekeeping
huishoudster, (female) house-
keeper
huiskamer, sitting-room
huisknecht, man-servant
huisvrouw, wife
huiveren, to shiver
huizing, abode
huldigen, to do homage
hullen, to wrap up
humeur, temper
hun, their
hupsch, agreeable
huren, to rent, take
(*een*) *huwelijk* (*aangaan*), (to con-
tract a) marriage

Iegelijk, every
iemand, somebody, anybody
iep, elm
iets, anything, something
ietwat, somewhat
ijdel, groundless, vain
ijl, thin, rarefied
ijs, ice
ijver, zeal, energy
ijzer, iron
ik, I
immer, ever
immers, indeed
in(-), in, into
inboezemen, to instil
Indisch, Indian
indruk, impression
indrukwekkend, impressive
ingang, entrance

ingenomenheid, ecstasy
ingewijde, initiated
inhalen, to overtake
inhoud, content, contents
inkt, ink
inlichting, information
innig, earnest, fervent
inrichten, to arrange
inschikkendheid, indulgence
inslaan, to take
inspannen, to exert
instituut, boarding-school
intiem, personally appealing
intusschen, meanwhile
inval, sudden idea
invallen, to chime in
inventeeren, to invent
invoeren, to introduce
inwendig, inward, inner
inwikkelen, to wrap up, involve
inwonen, to lodge
inzicht, purpose

Ja, yes
jaar, year
jacht, hunting, hunt
jagen, to hunt
jalappehars, powdered jalap
jaloersch, jealous
jarig, adj. of *jaar*, trans. 'old'
jas, coat
jeugd, youth
jeugdgenot, vigour of youth
joelen, to shout
jok, yoke
jokken, to tell a fib
jolig, boisterous
jong, young, late
jongeling, youth
jongen, lad
jongetje, little boy
jonkman, young gentleman
jonkvrouw (a title, the female counterpart of *jonkheer*= baronet)
jubel, juichen, rejoicing

juist, just, exact
juweel, jewel

Kaak, jaw, cheek
kaal, shabby
kaart, card
kade, quay
kalmte, composure
kamer, room
kameraad, companion
Kamerijksch, of Cambrai, cambric
kamp, struggle
kampvechter, champion
kans, chance
kant, side
kantoor, office
kap, roof; *de kap vullen*, to befool
kappen, to lop
kar, cart
kasteel, castle
katoen, cotton
keer, time
keeren, to turn
kelder, cellar
kelk, cup
kenmerk, characteristic
kennen, to know
kennis (maken met), knowledge, (to make the) acquaintance (of)
kerk, church
kerseboom, cherry-tree
keten, chain
Keulen, Cologne
Keulenaar, inhabitant of Cologne
keurlijk, exquisite
keurs, bodice
keus, keuze, choice
kiesheid, delicacy
kievit, peewit
kiezen, to choose
kijk, look, peep
kijven, to wrangle
kil, chilly
kind, child
kist, coffin
klacht, plaint
klager, plaintiff

klappen, to chatter
klaptafel, folding-table
klapwieken, to clap the wings
klauwen, to scratch
kleed, garment, cloth, dress
kleeding, clothing
kleen, little
kleer, clothes
klein, little
kleindochter, grand-daughter
kleinood, treasure
klemmen, to clench
kleur, colour, blush
kleurig, gaudy
kliekjes, scraps
klingtingelen, to tinkle
klinken, to ring, sound
kloek, sensible
klok, clock
klokkenspel, chimes
kloof, cleft
kloppen, to knock, beat, tap
kluchtig, comical
kluister, fetter
knaap, lad, clothes-horse
knagen (aan), to sap
knap, fine, clever, smart
knarsen, to rumble
knerpen, to crackle
knevelarij, extortion
knikken, to nod
knol, turnip
knoop, knot, button
knop, bud
knorrig, peevish
koepel, cupola
koffi, koffie, coffee
komen, to come
komst, coming
konijn, rabbit
koning, king
koon, cheek
koopen (kocht, gekocht), to buy, purchase
koopstad, commercial town
koortsachtig, feverish
kop, head

koper, copper
koppel, couple
kort, short
kostbaar, precious
koster, verger
kostuum, dress
kous, stocking, hosiery
kozijn, window-sill
kraag, collar, ruff
kraai, crow
kraam, booth
kracht, strength, virtue, energy
krachtens, by virtue of
krant, newspaper
kras, brisk
kreb, bed
krediet, credit
kreet, cry
kreng, carrion
krijgen, to get
kring, circle
kroeg, tavern
kroezelig, shrivelled
kroon, crown
kruier, porter
kruim, crumb
kruin, crown
kruisen, to cross
kruisraam, window with cross-bar frame
krullen, to curl
kudde, flock
kunnen, to be able
kunst, art, trick
kunstenaar, artist
kunstig, artificial, clever
kushandje, a kiss of the hand
kussen, cushion, pillow ; to kiss
kuur, cure
kwaad, evil ; bad, angry
kwalijk, ill, amiss
kwam = preterite of *komen*
kweeken, to foster, cultivate
kwellen, to vex
kwestie, question
kwijnen, to cling
kwistig, profuse

Laag, low, mean
laars, boot
laast, end ; last
laat, late
lach, laugh
lachen (*met*, *om*), to laugh (at)
lafheid, insipidity
laken, cloth
landaard, nationality
landbouwer, husbandman
landschap, landscape, region
landstreek, district
landzaat, native
lang, long
langs, along
langwerpig, oblong
langzaam, slow
lantaarn, lantern
lap, tippler
last, weight, burden
laten, to let
lavendel, lavender
lectuur, reading
leden=pl. of *lid*
leeglooper, idler
leelijk, ugly
leenen, to lend, borrow
leer, doctrine
leeren, leathern ; to teach, learn
leerling, pupil
leeuw, lion
leger, army ; bed
legerbende, host
leggen, to lay
leiden, to lead
leiding, lead, leadership
lelie, lily
lengte, length
lente, spring
leppen, to lap
letten (*op*), to attend (to)
letterkunde, literature
leugenachtig, lying
leuning, back (of a chair)
leuningstoel, easy-chair
leven, life ; to live
levendig, cheerful

leveren, to give
lezen, to read
lichaam, body
licht, light ; light, easy
lichten, to shine
lichtgeloovigheid, credulity
lichtvonk, spark of light
lichtzinnig, thoughtless
lid, pl. *leden*, member
lidmaatschap, membership
lied, song
lieden, people
lief, dear, pretty, glad
liefde, love
liefelijk, lovely
liefhebben, to love
liefhebber, amateur
liefhebberij, favourite occupation
liefkoozen, to caress
liegen, to lie, tell a lie
liggen, to lie, recline
lijdelijkheid, passivity
lijden, to suffer
lijk, corpse
lijken (*op*), to resemble, seem
lijn, line
lijst, frame
likkepot, gallipot
linker, left
linnen, linen
lint, ribbon
loftuiting, profession of praise
log, cumbrous
loge, box
logeeren, to lodge
logement, lodging
lok, lock
lokken, to allure
lomperd, clodhopper
loochenen, to deny
lood, lead
loods, summer-house
loom, blasé
loon, hire, reward
loop, course
loopen, to run, walk
looper, messenger

loot, shoot
loover, foliage
los, loose ; *los hebben*, to be rid of
louteren, to purify
lucht, air
luid, loud
luister, lustre
luisteren (naar), to listen (to)
luit, lute
lusthuis, villa
luttel, few

Maagd, maiden, maid
maal, time, occasion
maaltijd, meal
maar, but, however, only, rather, jolly well
Maart, March
maat, maatregel, measure
maatschappelijk, social
maatschappij, society, company
macht, power, might
madelief, daisy
mag, present of *mogen*
mager, lean
majestueus, majestic
makelaar, broker
maken, to make
malkander, each other
malsch, tender
manchet, cuff
mand, basket
manier, manner
mankeeren, to lack, fail
manlijk, masculine
mantel, cloak
manufacturen, making
markt, market
massief, massive
mat, tired
mede(-), mee(-), along, with, fellow-
medebegrijp, fellow-feeling
mededeeling, communication
mededorpeling, fellow-villager
medegevendheid, yielding
mederegeerder, member of council
medewerken, to co-operate

mee-, see also *mede-*
meenen, to mean, suppose
meer, more
meest, most
meestal, generally
meester, master
meewarig, compassionate
Mei, May
meid, wench
meisje, girl
Mejuffrouw, Miss
(bij)mekaar, together
melden, to report
melk, milk
men, one [used impersonally]
menig, many a
menigte, plenty
mensch, human being
menschenkind, mortal
menschenvrees, timidity
merg, marrow
merk, brand
merkbaar, perceptible
merken, to notice
mesten, to manure
met, with
meteen, at the same time
mevrouw, madam, Mrs
te mid, in the middle
middag, noon
midden, mean ; in the middle
mij, me
mijden, to shun
mijmeren, to dream
mijn, my, mine
mijnerzijds, on my part
mijnheer, sir, Mr
militair, soldier ; military
min, minder, less, inferior ; *minst*, least
minachten, to despise, disdain
mis (hebben), (to be) wrong
misbruiken, to misuse
mishandelen, to treat ill
miskennen, to misconstrue
mislukken, to miscarry
misschien, perhaps

missen, to fail, lack
misslag, error
misvormd, misshapen
misvormen, to disfigure
mits, provided
moe, moede, tired
moed, courage
moei, aunt
moeien, to molest
moeilijk, difficult
moeite, difficulty
moestuin, kitchen-garden
moeten (moest, gemoeten), to be compelled, must
mogelijk, possible
mogen (mocht, gemoogd), to be able to, may, like
mollig, soft
molshoop, mole-hill
mond, mouth
mondeling, by word of mouth
monsteren, to muster
mooi, pretty, fine
morgen, morning
motief, motive
mouw, sleeve
munt, coin
musch, sparrow
muts, cap
muur, wall
muzijk, music

Na(-), after
naaien, to sew
naaiwerk, sewing
naald, needle
naam, name
naar, according to, after, at, forwards
naarmate, according as
naast, beside
nabuur, neighbour
nabuurschap, neighbourhood
nacht, night
nachtelijk, nocturnal
nadenken, to reflect
nader, nearer

nadrukkelijk, emphatic
najaar, autumn
nalatenschap, inheritance
nalatigheid, neglect
namelijk, namely
natuur, nature
nauw, narrow, close
nauwelijks, hardly
nauwsluitend, narrow-fitting
nazetten, to pursue
neder(-), neer(-), down
nederig, modest
Nederlandsch, Dutch
nederzetten, to settle
neef, cousin
neen, no
neer..., see *neder...*
negen, nine
negentiende, nineteenth
negotie, trade
neiging, inclination
nek, nape of the neck
nemen, to take
nering, commerce, trade
nerveus, nervy
nestelen, to gain foothold
net, trim ; just
netjes, nicely
neus, nose
nevens, together
nicht, cousin
niemand, nobody
niemandal, not a bit
niet, not
niets, nothing
nieuw, new
nijd, envy
nijpen, to pinch
noch, neither, nor
nochtans, yet
noemen, to name
nog, yet, still
noodig, necessary ; *noodig hebben*, to be in need of
noodigen, to invite
noodlot, destiny
noodzaken, to oblige

nooit, never
noord, north
nu, now
nuance, shade
nuchter, jejune
nuf, conceited gir
nutteloos, useless

Obstructie, constipation
ochtend, morning
oefening, practice
oernatuur, primeval nature
of, or, as if, whether, either because, then, and, but
offer, victim
offerande, offering
officieel, official
officier, officer
ofschoon, although
ojevaar, stork
olie, oil
olijf, olive
om(-), about, round; in order to
omgaan, to go about, happen
omgang, intercourse
omlijsten, to frame
omploegen, to plough
omranken, to twine about
omstandigheid, circumstance
omtrek, neighbourhood
omtrent, concerning, about
omvang, extent
omvatten, to embrace
omweg, way round
omzichtig, cautious
on- = un- [negative prefix]
onafscheidelijk, inseparable
onbeduidend, insignificant
onbestuurbaar, clumsy
ondenkbaar, unthinkable
onder(-), under, among
onderdrukking, oppression
onderhandeling, negotiation
onderhouden, to maintain
ondernemingslust, spirit of adventure
onderrichten, to instruct

onderscheiden, different; to distinguish
ondertusschen, in the meantime
ondervinden, to encounter
onderwijzer, teacher
onderzoek, inquiry
ondeugend, naughty
ongeacht, unesteemed
ongemanierd, rude, unmannerly
ongepast, unbecoming
ongeschikt, unsuitable
ongetwijfeld, undoubted
ongracieus, unfashionable
onherroepelijk, irrevocable
onherstelbaar, irreparable
onmiddelijk, immediate
onnoozelheid, simpleness
onontbeerlijk, indispensable
onontkenbaar, unmistakable
ons, us
ontbering, privation
ontbijt, breakfast
ontbladeren, to strip of the leaves
ontboezemen, to unbosom
ontbreken, to lack
onteeren, to dishonour
ontginnen, to lay open
onthouden, to withhold
ontkennen, to deny
ontkomen (*aan*), to escape (from)
ontluiken, to open
ontmoeten, to meet
ontnemen, to take away
ontroering, emotion
ontruimen, to clear
ontrusten, to trouble
ontslaan, to discharge, absolve
ontslapen, to pass away
ontstellen, to start
ontvallen, to escape
ontvangen, to receive
ontvangst, reception
ontvluchten, *ontvlugten*, to escape
ontwaken, to awake
ontwerpen, to project
ontwikkelen, to develop
ontzag, awe

ontzeggen, to forbid
ontzind, distracted
onuitsprekelijk, unutterable
onverschillig, indifferent
onwillekeurig, involuntary
te onzent, among us
oog, eye
oogenblik, moment
oogopslag, glance
oogpunt, point of view
oogst, harvest
ooit, ever
ook, also, as well, -ever
oom, uncle
oor, ear
oordeel, judgment, verdict
oorlog, war
oorsprong, origin
oorspronkelijk, original, native
oorzaak, cause
ootmoedig, humble
op(-), on, up, up to, at
opblazen, to puff up
opdat, in order that
opdissen, to dish up
opdoen, to lay up, get
opdringen, to force upon
opeens, suddenly
openlijk, public
opgang, success
opgetogen, educated
opgewekt, cheerful, animated
opgewondenheid, excitement
ophalen, to shrug
ophelderen, to elucidate, reveal
ophoopen, to heap up
ophouden, to cease, concern
opkomen, to rebel
opleggen, to lay on, garnish
opleven, to rouse up
opleveren, to yield
opluisteren, to light up
(zich) opmaken, to set out
opmerken, to notice, remark
opnieuw, again
opofferen, to sacrifice
opontbieden, to summon

oppassend, steady
oprecht, upright, genuine
oproepen, to summon
opruiming, clearance
opsiering, glossing over
opslaan, to put up
opsluiten, to contain
opspraak, ill report
opstel, composition
optreden, to come forward
optrossen, to fasten in a bundle
opvatting, idea
opvoeden, to educate, breed
opzien (tegen), to dread
oranjeschil, orange-peel
orde, order, order
ordonnantie, regulation
os, ox
oud(-), old, ex-
ouder, parent
ouderdom, old age
over(-), over, by way of, about, past
overal, everywhere
overbluffen, to put out of countenance
overdoen, to transfer
overeenbrengen, to reconcile
overgang, transition
overgave, surrender
overhalen, to persuade
overheen, past
overheerlijk, first-rate
overhellen, to turn
overig, remaining ; *de overigen,* the others
overijling, undue haste
overkomst, coming (over)
overladen, to surfeit
overlijden, decease ; to die
oversteken, to cross
overstelpen, to overwhelm
overstemmen, to drown
overtrekken, to pass over, cover
overtuigen, to convince
overvloed, abundance
overweging, consideration

9—2

overweldigen, to overcome, over-
power
overwinning, victory
overzien, to survey
overzij, opposite side (of the
street)

Paal, bound
paar, pair, a few
paard, horse
paardebloem, dandelion
pachthoeve, farm
pad, path
paillette, spangle
pak, parcel, suit of clothes
paleis, palace
palissanderhout, rosewood
papier, paper
parel, pearl
parelen, to sparkle
paren, to unite
partij, party, match, part
te pas komen, to suit, get on
pasjes, hardly
passement, lace
passen, to fit, suit, behave
peinzen, to meditate
penning, coin
pensioneeren, to pension off
perron, platform (e.g. at the top
of outside steps)
persoon, person
piepen, to squeak
pijn, pain, anguish ; pine
pikken, to peck
pit, pith
plaats (hebben), (to take, to find)
place, yard
plagen, to plague
plas, puddle, pool
plastisch, plastic
plegen, to use, be used to,
commit
plein, square
plek, spot
plezier, pleasure
plicht, duty

plichtmatig, conformable to one's
duty
ploeg, plough
plooi, fold, bent
plotseling, sudden
pluimen, to plume
plukken, to pluck
poeh, pooh !
poeier, powder
poëzie, poetry
poëzij, poesy
pogen, to try, attempt
poort, gate
poorter, citizen
poot, leg
praat, talk
praatziek, garrulous
pralen, to glitter, glory
praten, to chat, talk
precies, exact
president, chairman
priëel, arbour
prijken, to flaunt
prijzen, to commend, price
prins, prince
probeeren, to try
proeve, specimen
profileeren, to stand out in profile
pruim, quid
pupil, ward
purper, purple
put, well, common grave
putten, to draw (liquid)

Quaesti(e), question

Raadplegen, to take counsel
raaf, raven
raam, window
raar, odd, queer
radeloosheid, desperation
raden, to advise
radijs, radish
raken, to concern, become
rancune, grudge
rand, edge
ras, rasch, quick

ratelen, to rattle
razen, to rave
recht, law ; right
rechten, to rear
rechtmatig, legitimate
rechtsgestoelte, (judge's) bench
rechtvaardig, righteous, just
redden, to save
rede(n), reason
reeds, already
refrein, refrain
regen, rain
regenvlaag, shower
reiken, to extend
reis, once, now
reizen, to travel
rekenen, to reckon
renommee, repute
reparatie, repairs
reppen (van), to make mention (of)
restauratie, restaurant
Rhijnsch, Rhenish
richten, to direct
rij, row
rijden, to ride
(zich) rijen, to form a chain
rijk, rich
rijmen, to rhyme
rijtuig, vehicle
rijzig, tall
roekeloos, reckless
roem, glory, fame
roemen (in), to praise, boast (of)
roemer, wine-glass
roepen, to call
roeren, to touch
roerloos, motionless
roest, rust
rok, coat
rommelen, to rumble
rond(-), about, round
rood, red
roodborstje, robin
rook, smoke
roos, rose
rooven, to rob, steal away

ros, steed
rug, back
ruig, shaggy
ruim, wide, plentiful
ruineeren, to ruin
ruischen, to rustle, murmur
ruit, pane
rukken, to pull
rumoeren, to sound loudly
rumoerig, noisy
rust, rest, quiet, tranquillity
ruw, rough

's = des
saai, dull
saam, together
saffier, sapphire
saleb, salop
salon, drawing-room
samen, together
samenloop, coincidence
schaamte, shame
schaar, multitude, host
schaarsch, scarce
schaden, to do harm
schaduw, shadow
schakelen, to link
schande, disgrace, shame
schare, crowd
schat, treasure
schedel, head
scheiden, to separate
schelen, to ail
schemering, dusk
schenken, to pour, give
schepen, pl. of *schip*
scheren, to shave
scherm, screen
scherp, sharp
scherpte, sharpness
schertsen, to jest
schertsenderwijse, jokingly
schets, sketch
scheuren, to tear
schielijk, quick
schieten, to shoot ; *te kort schieten*, to fall short

schijnen, to shine ; seem
schikken, to order, settle, put
schilderen, to paint
schilfer, scale
schim, phantom
schip, schepen, ship
schipbreuk, shipwreck
schitterend, brilliant
schoen, shoe
schoenlapper, cobbler
schoensmeer, blacking, boot-polish
schok, shock, jolt
schoolmakker, school-fellow
schoon, beauty ; clean, handsome,
  beautiful ; though
schoot, lap
schop, kick
schor, hoarse
schouder, shoulder
schouwburg, theatre
schouwspel, spectacle
schraal, scanty, sharp
schrander, clever
schrede, step
schreeuwen, to shout
schreien, to weep
schrijftafel, writing-desk
schrijver, author
schrik, fright, start, dread
schudden, to shake
schuier, brush
schuilen, to lurk
schuiven, to force
schuld, guilt
schurk, scoundrel
schuur, barn
schuw, shy
schuwen, to shun
sedert, since, afterwards
sein, sign, signal
seizoen, season
sidderen, to shudder
sieren, to adorn
sierlijk, elegant
sigaar, cigar
sinds, since
sjaal, shawl

slaan, to strike, throw
slacht, time of killing
slag, blow, beat, battle ; kind
slagen, to succeed
slank, thin
slap, slack
slapen, to sleep
slecht, bad
slechts, only
sleeperskarren, cart, lorry
sleutel, key
sleutelbloem, primrose
slijk, mire
slijpen, to cut (of glass)
slijten, to pass
slinker, left hand
sloopen, to pull down
sloot, ditch
slot, lock, castle
sluimeren, to slumber
sluipen, to steal (up)
sluiten, to shut, close, conclude
smaak, taste, fashion
smart, pain, grief
smeeken, to implore
smeren, to black
smeuren, to smear
sneeuw, snow
snel, quick
sneven, to perish
snijden, to cut
snikken, to sob
snurken, to snort, snore
soldaat, soldier
som, sum
somberen, to gloom
sommige, some
soms, somtijds, sometimes
spanning, suspense
sparen, to save
spel, show, play, gamble
spiegel, mirror
spijs, food
spijten, to grieve
spijtig, spiteful
spil, pivot
spitsvinnig, acute

spoedig, quick
spoelen, to rinse
spoor, road, railway
sporen, to spur, incite
spotter, scoffer
spreeuw, starling
spreiden, to spread
spreken, to speak
springen, to jump
sprong, jump
spruiten, to sprout
spul, dialect for *spel*
staan, to stand, suit
staat, condition; *staat maken*, to rely
stad, steden, town
staf, staff
staken, to stop
stal, stall
stam, trunk
stand, class, position; *stand houden*, to stand one's ground against; *tot stand brengen*, to settle
standje (maken), (to give a) blowing-up
stank, smell
stap, step
stapel, heap
stappen, to step, go at walking-pace
statig, stately
stedeling, townsman
steden, pl. of *stad*
steeds, always
steel, stem
steeluiden, townsmen
steen, stone
steken, to stick, put
stelen, to steal
stellen, to put
stellig, positive
stelling, question
stelselmatig, systematic
stem, voice
stemmig, sedate
sterk, strong

sterven, to die
steun, support
stichten, to erect, found
stijgen, to rise
stijven, to stiffen, confirm
stil, still, quiet, hush
stille, silence
stippelen, to speckle
stoel, chair
stoep, flight of steps
stoet, retinue, procession
stof, dust
stok, stick
stom, dumb
stond, hour
stooten, to push
stormbui, rain-storm
storten, to plunge, pour
stotteren, to stutter
stout, bold, impudent
straal, ray
straat, street, path
straatweg, high-road
straffe, punishment
strak, fixed
stralen, to shine
streek, rub
strekken, to stretch
streng, strengelijk, strict, severe
strijd, struggle, fighting
stroo, straw
strooien, to strew
stroomen, to stream, flow, pour
stuiven, to rush, fly
stuiver, penny
stuk, piece
stuwen, to trundle
suffen, to rot
suggereeren, to suggest
sultane, sultaness
suppoost, porter
sympathiesch, sympathetic

't = het, it
taak, task
taal, language
tabak, tobacco

tabakdoos, tobacco-box
tafel, table
tak, branch, bough
talentrijk, talented
tand, tooth
tante, aunt
tapijt, carpet
tasten, to get (at)
te, to, into, in ; too
teeder, tender, delicate, sweet
tegelijk, at the same time, at once
tegen(-), against
(in) tegendeel, (on the) contrary
tegenhouden, to stop
tegenover, opposite, in the presence of
tegenpartijder, adversary
tegens, against
tegenstand, resistance
tegenvallen, to disappoint
teisteren, to ravage
tekort, deficiency
teleurstelling, disappointment
telkens, again and again
tellen, to count
temmen, to tame
ten minste, at least
ten-toon-spreiden, to display
tenzij, unless
ter, at the
tergen, to provoke
terstond, at once, immediately
terug(-), back, again
terugdeinzen, to shrink back, retreat
terugtocht, retreat
terwijl, while, whereas
terwille, for the sake
tevens, at the same time
tevreden, contented
thans, now
thee, tea
thesaurier, treasurer
thuis, at home
tien, ten
tieren, to make a noise
tijd, time

tijding, tidings
tijdperk, tijdvak, period
tillen, to lift
timmeren, to carpenter.
tintelen, to tingle
tjilpen, to chirp
toch, yet
tocht, expedition
toe(-), to, towards, on, in addition ; come on !
toedoen, aid ; to shut
toeëigenen, to appropriate
toegang, access
toegedaan (*met*), attached (to)
toegeven, to concede
toejuichen, to cheer
toekennen, to allot
toelonken, to ogle
toen, then, at that time ; when
toerichten, to prepare
toeschieten, to rush along
toeschijnen, to appear
toeschouwer, spectator
toeschrijven, to attribute
toestaan, to permit
toestand, condition
toestemmen, to consent
toeval, accident
toeven, to linger
toeverlaat, toevlucht, refuge
toewijding, devotion
tong, tongue
tooien, to adorn
toomeloosheid, exuberance
toon, tone, note
tooneel, stage
toren, tower
torschen, to carry
tot, to, at the house of, for, as far as, until
totdat, until
trachten, to endeavour
trap, stairs
trapgevel, stepped gable
treffen, to meet, encounter, strike
trek, feature, expression, inclination

trekken, to draw, pull, march
treurig, sad, sorrowful
treurspel, tragedy
trijp, plush
trillen, to quiver, quaver
trits, trio
troep, troop
tronk, trunk
troon, throne
troost, comfort, consolation
tropen, tropics
trots, pride; in spite of, in defiance of
trouw, faithful
tuin, garden
tulband, turban
turen, to stare, look
tusschen(-), between
tusschenkomst, interference
twaalf, twelve
twee, two
tweede, second
twijfelen, to doubt
twijg, twig
twintig, twenty
twist, strife

U, you
uit(-), from, out of
uitbreiden, to extend
uitdossen, to deck out
uitdrukken, to express
uitgave, publication
uitgever, publisher
uithoek, remote place
uitkomst, way out, deliverance
uitloopen, to sprout
uitmuntend, excellent
uitroep, exclamation
uitslaan, to break forth
uitspraak (doen), (to pronounce a) verdict
uitstorting, outpouring
uitterlijk, external
uitvloeisel, outcome
uitvoeren, to do
uitvoerig, circumstantial

uitwendelijk, external
uitwerking, effect
'uitzondering, exception
uur, hour, o'clock
uw, your
ten uwent, at your house

Vaak, often
vaas, vase
vader, father
vak, branch
vallen, to fall, turn out
valsch, false
van, of, by, for; *van middag (avond)*, this (or that) afternoon (evening)
vangen, to catch
varen, to sail, come
vast, firm
vastenavond, Shrove Tuesday
vatbaar (voor), susceptible (to)
vatten, to take, seize, frame
vechten, to fight
veel, much, many
veelma(a)len, often
veenboer, peat-cutter
vegen, to wipe
vegeteeren, to vegetate
veil hebben, to be ready to sell
veiling, auction
vel, skin
veld, field
velerlei, various
venster, window
ver, far, lengthy
veraangenaming, amenities
veraanschouwlijken, to represent graphically
veranderen, to alter
verband, connexion
verbazen, to amaze
verbeelden, to exhibit; *zich verbeelden*, to imagine
verbeeldingskracht, imagination
verbergen, to hide
verbeteren, to better, amend
verbieden, to forbid

verbinden, to tie, oblige
verbintenis, alliance
verbittering, bitterness
verblijf, stay
verbruiken, to use up
verdediging, defence
verdeelen, to distribute
verdienen, to earn, deserve
verdienste, merit
verdieping, storey
verdriet, sorrow ; *verdriet hebben*, to be vexed
verdwijnen, to disappear
vereeren, to honour
vereeuwigen, to immortalize
vergaan, to vanish
vergadering, meeting
vergeten, to forget
vergeven, to forgive
vergezellen, to accompany, keep company
vergieten, shedding
vergrijp, offence
(zich) vergrijpen (aan), to steal
vergulden, to gild
vergunnen, to grant
verheffen, to raise up
verhelderen, to light up
verheugen, to delight
verhinderen, to hinder
verhoeden, to forfend
verkeer, traffic
verkeerd, wrong
verkeeren, to go about, frequent
verkiezen, to choose
verklaren, to explain
verkoop, sale
verkoopen (verkocht, verkocht), to sell
verkouden, with a cold
verkrijgen, to acquire
verkwikken, to refresh
verkwisting, prodigality
verlangen (naar), to long (for)
verlaten, to leave, forsake, abandon
verleden, last
verleenen, to lend

verlegen, embarrassed, perplexed
verlichten, to light, illuminate
verliezen, to lose
verlustigen, to divert
vermeerderen, to increase
(zich) vermeien, to ramble, lose oneself
vermijden, to avoid
vermoeden, to surmise
vermoeidheid, tiredness
vermogen, power
vernemen, to learn
vernielen, to destroy
vernietiging, annihilation
vernuft, intellect
veroordeeling, condemnation
veroorloven, to permit
verovering, conquest
verpanden, to pledge
verpletteren, to crush
verplichting, obligation
verraad, treason, betrayed
verre, far
verregaand, excessive
verrichten, to perform, carry out, take
verrukken, to transport, enrapture
versch, fresh
verschaffen, to procure
verscheiden, divers
verschijnen, to appear
verschoonbaar, pardonable
verschoonen, to excuse, pardon
verschoppeling, outcast, black sheep
verschrikken, to frighten, terrify
verschroeien, to shrivel
verschuilen, to hide
versiersel, ornament
verslag, account
verslinden, to devour
versmaden, to disdain
verspilling, squandering
verstand, understanding, sense, intellect
verstandhouding, relations
versterken, to strengthen

verstooten, to reject
verstoppen, to hide
verstoren, to annoy
verstrooien, to scatter
verte, distance
vertellen, to tell
vertelling, story
verteren, to consume
vertoeven, to stay
vertoonen, to perform ; *zich vertoonen*, to appear
vertrek, room
vertrekken, to depart
vertroosten, to comfort
vertrouwelijk, confidential
vertrouwen, assurance ; to trust
verveling, tediousness
vervoegen, to betake
vervolgen, to continue
vervolgens, afterwards
vervuilen, to grow filthy
verwaand, conceited
verwaarloozen, to neglect
verwachten, to expect
verwant, relation
verward, confused
verwelken, to fade
verwerpen, to refuse
verwerven, to acquire
verwijderen, to remove
verwisselen (*tegen*), to change (for)
verwonderen, to surprise
verzamelen, to assemble
verzegeling, sealing
verzekeren, to assure
verzet, resistance
verzinnelijken, to realize
verzoek (*doen*), (to make a) request
verzoening, reconciliation
verzuimen, to neglect
verzuipen, to spend in boozing
verzustering, alliance
verzwijgen, to keep a secret
vest, waistcoat
vestigen, to establish, fix
vet, greasy

vier, four
vieren, to celebrate
vierkant, square
vierschaar, tribunal
vijand, enemy
vijfschaar, body of five
vijftien, fifteen
vinden, to find
vinger, finger
visioen, vision
vlaamsch, Flemish
vlag, flag
vlak, right ; *vlak bij*, close at hand
vlakte, plain
vlechten, to twine
vleesch, flesh
vleien, to flatter, adapt
vlekken, to blot
vleugel, wing
vliegen, to fly
vliering, *vlierinkje*, garret
vlierstruik, elder-bush
vloeien, to flow
vloeken, to curse
vloot, fleet
vlootvoogd, admiral
vlucht, flight, flock
vluchtig, fleeting
vluchtling, refugee
vlug, quick
voeden, to feed
voedsel, food
voeren, to carry, lead
voerman, carrier
voet, foot, principle
vogel, bird
vogelkers, wild cherry
(-)*vol*, full
volgen, to follow
volgens, according to
volk, people
volkomen, *volledig*, complete
volmaakt, perfect
volstrekt, absolute
volzin, sentence
vonnis, judgment
voogd, guardian

140 GLOSSARY

voor(-), for, before, front(-), fore(-)
vooraf, in advance
voorbedachtelijk, on purpose
voorbeeldig, exemplary
voorbij, past
(*in 't*) *voorbijgaan*, (in) passing
voorbijganger, passer-by
voorbode, harbinger
voordat, before
voordeelig, favourable, advantageous
voorgisteren, the day before yesterday
voorkomen, to occur, appear
voorloopig, provisional
voornaam, eminent
voornacht, early night
voornemen, intention; to intend
vooroordeel, prejudice
voorraad, store
voorrecht, privilege, prerogative
voor'shands, for the moment
voorstander, associate
voorstellen, to propose; *zich voorstellen*, to imagine
voort(-), away, along, on
voortaan, henceforward
voortbrengen, to produce
voortgaan, to proceed
voortreffelijk, excellent
vooruit(-), beforehand, forward
vooruitkomen, to make one's way
vooruitzicht, prospect
voorwerp, thing, object, article
voorzichtig, careful
voorzien (*in*), to foresee, provide (for)
te voren, before
vorig, last
vormen, to form
vouwen, to fold
vraag, question
vraagbaak, oracle
vragen, to ask, to ask for
vrede, peace
vreemd, strange, queer
vreemdeling, foreigner

vrees, fear
vreeselijk, frightful
vriend (*vriendin*, female), friend
vrij, free; fairly, somewhat
vrijage, courtship
vrijmaken, to set free
vrijpostig, bold
vrijwilliger, volunteer
vroeg, early
vroolijk, merry
vroom, pious
vrouw, woman, wife, Mrs
vrouwspersoon, woman, female
vrucht, fruit
vruchtbarheid, fruitfulness
vuil, dirty
vulkaan, volcano
vullen, to fill
vuns, rank, mouldy
vurig, fervent
vuur, fire

(*in den*) *waan* (*gebracht*), (under the) illusion
waar, commodity; true
waar(-), where(-)
waaraan, in which
waarachtig, true
waarbij, at which, whereby
waard, dear, worth
waarde, value
waardeeren, to value
waarheen, whither
waarnemen, to perceive
waarom, why
waarop, on which, in which
waarschijnlijk, probable
waarschuwen, to warn
waas, hue
wachten, to await
wachter, watchman
wagen, to venture
wakker, lusty
walmen, to surge
walvischkaak, whale's jaws
wambuis, doublet
wand, wall

wandelen, to walk
wandelrit, ride
wang, cheek
wanhoopsdaad, desperate act
wanhopig, desperate
wanneer, when
want, for ; *want dat,* because
wantrouwen, distrust
wapenstilstand, armistice
waren = 1st and 3rd pers. plur. preterite of *zijn*
warmoezerij, kitchen-garden
warmte, warmth
wat, what, something
waterlanders, tears
wederkeeren, to return
wederom, again
wederstaan, to withstand
ter wederzijde, on both sides
weduwe, widow
weegschaal, balance, scales
week, week ; soft
weelde, luxury, pleasure, wealth
weelderig, luxurious
weemoedig, melancholy
weenen, to cry
weer, weather
weêr, again ; for *weer-* see also *weder-*
weerkaatsen, to reflect
weerleggen, to refute
weerstand, resistance
weeshuis, orphanage
veg(-), away
wegbrengen, fetch
wegens, concerning
wegsleepen, to carry away
weide, meadow, plain
weifelen, to waver, hesitate
weigeren, to refuse
weiland, weiveld, meadow
weinig, little, few
wel, right, well, certainly
weldadigheid, charity
weldra, soon
welgesteld, well-to-do
welig, luxuriant

welk, which
wellevend, well-bred, polite
welluidend, melodious
wellust, pleasure
welsprekend, eloquent
wel zeggen, style
wenden, to turn
wennen, to accustom, become acclimatized
wensch, wish
werd = 3rd pers. sing. preterite of *worden*
wereld, world
werk, work
werkkamer, study
werkstellig maken, to put into practice
werpen, to throw
werwaarts, whither
weshalve, for which reason
wet, law
weten (wist, geweten), to know
wetenschap, science
wettigen, to justify
wezen, being ; to be
wezenlijk, real
wicht, child
wie, who
wieden, to weed
wiek, wing
wien, whom
wij, we
wijd, wide
wijden, to devote
wijf, woman
wijk, quarter
wijken, to depart
wijn, wine
wijsgeerig, philosophic
wijze, manner, melody
wijzen, to point out ; *vonniswijzen,* to pronounce sentence
wikkelen, to wrap
wil, will, sake
wild, game ; wild
wilde, wilderness
willekeur, arbitrariness

willen, to wish, want
windhond, greyhound
windstreek, point of the compass
winkel, shop
winkelnering, custom
winnen, to win, gain, get
winst, profit
winzucht, eagerness for gain
wisselen, to exchange
wit, white
woede, fury
woelig, turbulent
wonen, to dwell
woord, word
worden (*werd, geworden*), to be, become
worstelen, to struggle
woud, forest
wraak, vengeance
wrevelig, peevish
wrijven, to rub
wroegen, to sting
wuiven, to wave
wulpsch, wanton

Zaak, thing, business, concern, shop ; *zaken doen*, to do business
zaal, room
zacht, gentle, soft
zachtjes, zachtkens, softly
zak, bag, pocket
zakdoek, pocket-handkerchief
zakduit, pocket-money
zanderig, sandy
zaterdag, Saturday
zeden, manners
zee, sea
zeemleeren, shammy-leather
zeer, very, much
zege, victory
zegen, blessing
zegepraal, triumph
zeggen (*zeide* (*zei*)*, gezegd* (*gezeid*)), to say
zeil, sail
zeker, a certain, certain

zelden, seldom
zelf, self
zelfbewust, self-possessed
zelfs, even
zelfstandig, independent
zelfzucht, egotism
zenden, to send for
zenuwachtig, nervous
zes, six
zestig, sixty
zetten, to seat
zeven, seven
zeventig, seventy
zich (reflexive pronoun), oneself, himself, herself, itself, themselves
ziek, ill
ziel, soul
zielsgestalte, disposition of mind
zien, to see
zij, she ; they
zijde, side ; silk
zijn, his, its ; to be
te zijnent, at his house
zijpad, by-path
zilver, silver
zin, sense, taste ; *zin hebben in*, to like
zinken, to sink
zitten, to sit
zoeken (*zocht, gezocht*), to seek
zoel, mild
zoemen, to hum
zoet, sweet
zog, (woman's) milk
zomer, summer
zon, sun
zondagsch, Sunday-
zonder, without
zoo, so, yet, as well
zooals, just like, such as
zoodanig, such, so
zoodra, as soon as
zoogen, to give suck
zooiets, something like that
zoolang, so long as, as long as
zoomen, to hem

zoon, son
zorg, care, anxiety
zorgen, to take care
zorgvuldig, careful
zot, silly
zou, zoude(n) = preterite of *zullen*
zucht, sigh
zuidelijk, southern
zuigen, to suck
zulk, such
zullen, to will, shall
zuster, sister
zwaar, heavy
zwaard, sword
zwager, brother-in-law
zwak, foible; weak

zwaluw, swallow
(in) zwang (gaan), (to be in) vogue
zwart, zwartig, black
zweet, sweat
zwellen, to swell
zwemmen, to swim
zwenken, to wheel
zweren, to swear
zwerm, swarm
zwerven, to rove
zweven, to hover
zwiepen, to swing
zwier, air, fashion
zwijgen, to be silent
zwoegen, to toil

For EU product safety concerns, contact us at Calle de José Abascal, 56–1°,
28003 Madrid, Spain or eugpsr@cambridge.org.

www.ingramcontent.com/pod-product-compliance
Ingram Content Group UK Ltd.
Pitfield, Milton Keynes, MK11 3LW, UK
UKHW020314140625
459647UK00018B/1865